Calificación energética de los edificios

Rafael Ruiz Rivera

Calificación energéticade los edificios
© Rafael Ruiz Rivera

1ª Edición

© IC Editorial, 2025

Editado por: IC Editorial
c/ Cueva de Viera, 2, Local 3
Centro Negocios CADI
29200 Antequera (Málaga)
Teléfono: 952 70 60 04
Fax: 952 84 55 03
Correo electrónico: iceditorial@iceditorial.com
Internet: www.iceditorial.com

ISBN: 978-84-1184-840-4
Depósito Legal: MA-820-2025

Impresión: PODiPrint
Impreso en Andalucía – España

Nota de la editorial: IC Editorial pertenece a Innovación y Cualificación S. L.

Presentación del manual

El **Certificado de Profesionalidad** es el instrumento de acreditación, en el ámbito de la Administración laboral, de las cualificaciones profesionales del Catálogo Nacional de Cualificaciones Profesionales adquiridas a través de procesos formativos o del proceso de reconocimiento de la experiencia laboral y de vías no formales de formación.

El elemento mínimo acreditable es la **Unidad de Competencia.** La suma de las acreditaciones de las unidades de competencia conforma la acreditación de la competencia general.

Una **Unidad de Competencia** se define como una agrupación de tareas productivas específica que realiza el profesional. Las diferentes unidades de competencia de un certificado de profesionalidad conforman la **Competencia General,** definiendo el conjunto de conocimientos y capacidades que permiten el ejercicio de una actividad profesional determinada.

Cada **Unidad de Competencia** lleva asociado un **Módulo Formativo,** donde se describe la formación necesaria para adquirir esa **Unidad de Competencia,** pudiendo dividirse en **Unidades Formativas.**

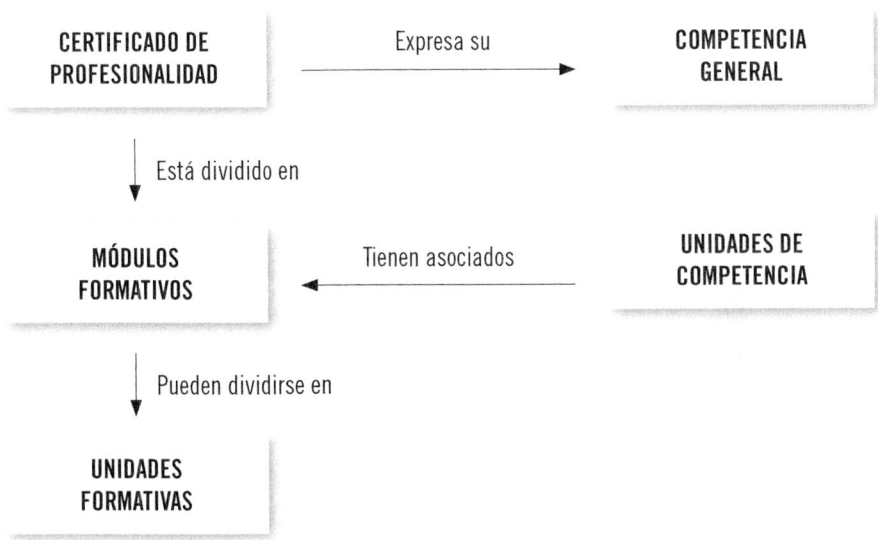

El presente manual desarrolla la Unidad Formativa **UF0570: Calificación energética de los edificios,**

perteneciente al Módulo Formativo **MF1195_3: Certificación energética de edificios,**

asociado a la unidad de competencia **UC1195_3: Colaborar en el proceso de certificación energética de edificios,**

del Certificado de Profesionalidad **Eficiencia energética de edificios.**

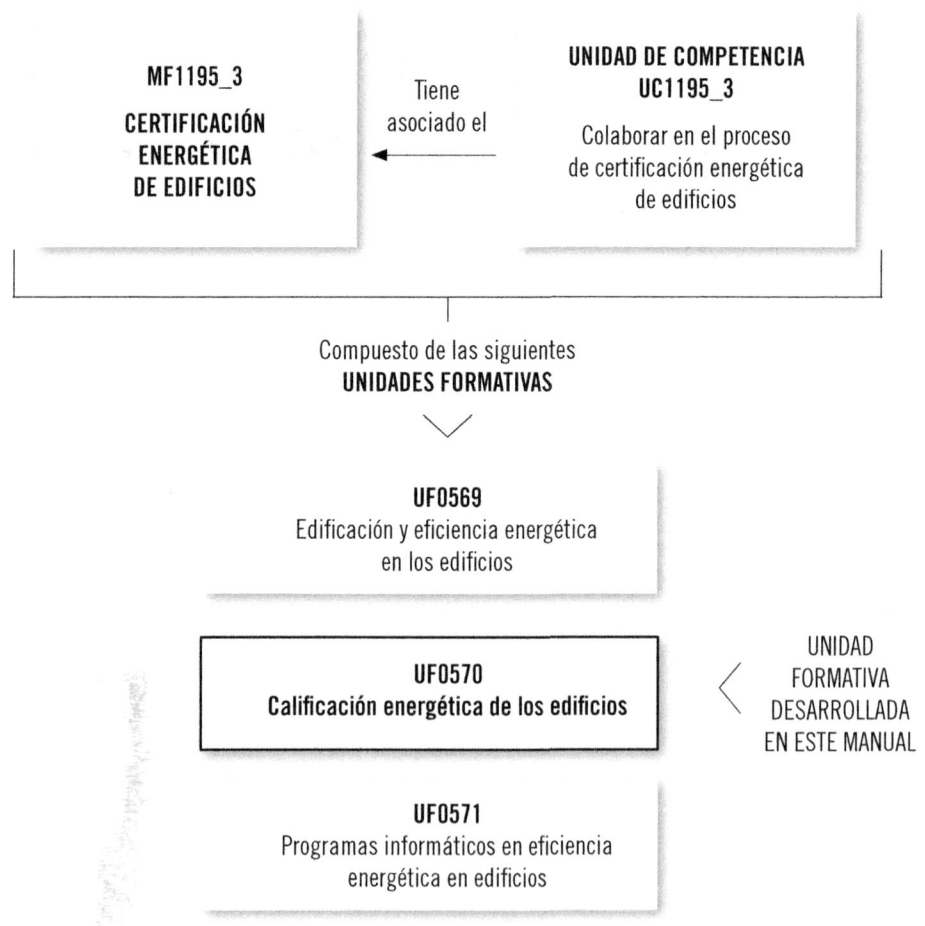

FICHA DE CERTIFICADO DE PROFESIONALIDAD

(ENAC0108) EFICIENCIA ENERGÉTICA DE EDIFICIOS (R. D. 643/2011, 9 de mayo)

COMPETENCIA GENERAL: Gestionar el uso eficiente de la energía, evaluando la eficiencia de las instalaciones de energía y agua en edificios, colaborando en el proceso de certificación energética de edificios, determinando la viabilidad de implantación de instalaciones solares, promocionando el uso eficiente de la energía y realizando propuestas de mejora, con la calidad exigida, cumpliendo la reglamentación vigente y en condiciones de seguridad.

Cualificación profesional de referencia	Unidades de competencia		Ocupaciones o puestos de trabajo relacionados:
ENA358_3 EFICIENCIA ENERGÉTICA DE EDIFICIOS (R. D. 1698/2007, de 14 de diciembre de 2007)	UC1194_3	Evaluar la eficiencia energética de las instalaciones de edificios.	• Gestor energético • Promotor de programas de eficiencia energética • Ayudante de procesos de certificación energética de edificios • Técnico de eficiencia energética de edificios
	UC1195_3	Colaborar en el proceso de certificación energética de edificios.	
	UC1196_3	Gestionar el uso eficiente del agua en edificación.	
	UC1197_3	Promover el uso eficiente de la energía.	
	UC0842_3	Determinar la viabilidad de proyectos de instalaciones solares.	

Correspondencia con el Catálogo Modular de Formación Profesional

Módulos certificado	Unidades formativas	Horas
MF1194_3: Evaluación de la eficiencia energética de las instalaciones en edificios	UF0565: Eficiencia energética en las instalaciones de calefacción y ACS en los edificios	90
	UF0566: Eficiencia energética en las instalaciones de climatización en los edificios	90
	UF0567: Eficiencia energética en las instalaciones de iluminación interior y alumbrado exterior	60
	UF0568: Mantenimiento y mejora de las instalaciones en los edificios	60
	UF0569: Edificación y eficiencia energética en los edificios	90
MF1195_3: Certificación energética de edificios	UF0570: Calificación energética de los edificios	60
	UF0571: Programas informáticos en eficiencia energética en edificios	90
	UF0572: Instalaciones eficientes de suministro de agua y saneamiento en edificios	60
MF1196_3: Eficiencia en el uso del agua en edificios	UF0573: Mantenimiento eficiente de las instalaciones de suministro de agua y saneamiento en edificios	40
MF1197_3: Promoción del uso eficiente de la energía en edificios		40
MF0842_3: Estudios de viabilidad de instalaciones solares	UF0212: Determinación del potencial solar	40
	UF0213: Necesidades energéticas y propuestas de instalaciones solares	80
MP0122 Módulo de prácticas profesionales no laborales		120

Índice

Capítulo 3
Normativa de eficiencia energética

Capítulo 1
Limitación de la demanda energética

Contenido

1. Introducción

Para estimular el uso de la eficiencia energética en los edificios, la Directiva Europea 2010/31/UE exige a los Estados miembros realizar un control sobre las necesidades térmicas a los edificios que pudieran ser vendidos o alquilados, de modo que se reduzca su consumo energético y se contribuya al uso de las energías renovables.

Actualmente se ha publicado el Real Decreto 390/2021 de de 1 de junio, por el que se aprueba el procedimiento básico para la certificación de la eficiencia energética de los edificios, que será tratado en mayor profundidad en el capítulo 3, donde se traslada a los edificios ya construidos.

Aunque la certificación de edificios ya construidos es de reciente creación, la certificación de edificios de nueva construcción está en vigor desde septiembre de 2006 en el Código Técnico de la Edificación en su Documento Básico HE, Ahorro de Energía.

Durante el desarrollo de este manual se tratarán aspectos como la limitación de la demanda energética (donde se indicarán los valores límite para los distintos cerramientos de un edificio), la eficiencia energética en instalaciones de iluminación (estableciéndose por primera vez en la normativa española este concepto), la contribución de la energía solar para la producción de agua caliente sanitaria (que variará entre el 30 % y el 70 % según el consumo) y el aporte de energía fotovoltaica para la producción de energía eléctrica (encaminada sobre todo al sector servicios, donde para superficies de nueva construcción superiores a 4.000 m^2 se exigirá que una parte de la energía eléctrica consumida provenga de la contribución fotovoltaica).

2. Ámbitos de aplicación

Durante el transcurso del capítulo se darán las indicaciones necesarias para reflejar la necesidad de que los edificios dispongan de una envolvente térmica que pueda limitar en alguna medida la demanda energética necesaria para alcanzar un ambiente de bienestar en su interior. Todo ello vendrá determinado por diversos factores:

- El clima de la zona en el que se ubica el propio edificio.
- El uso al que esté destinado el edificio.
- Las características de aislamiento del edificio.
- El tiempo y el tipo de exposición a los rayos solares.

Nota

Se estima que con la aplicación del Código Técnico de la Edificación CTE se reduzcan entre un 40-50 % las emisiones de CO_2 a la atmósfera.

Esta limitación de demanda energética únicamente podrá llevarse a cabo en edificios de nueva construcción o bien en reformas de edificios ya construidos que posean una superficie útil superior a 1.000 m^2 donde se rehabilite más del 25 % del total de los cerramientos de fachadas. No obstante, se excluirán de esta aplicación las siguientes edificaciones:

- Aquellas que por su uso deban permanecer abiertas.
- Edificios o monumentos que estén protegidos y cuyas modificaciones puedan alterar su fachada.
- Edificios destinados a uso religioso.
- Edificios de construcción provisional que tengan una previsión de uso menor de dos años.
- Edificios destinados a uso industrial o agrícola, tales como granjas o criaderos de animales.
- Edificios aislados que posean una superficie útil menor de 50 m^2.

Actividades

1. Buscar información sobre edificios públicos próximos a su zona de residencia que cumplan los anteriores requisitos de excepción.

3. Fundamentos técnicos de la limitación de demanda energética

Para poder entender el concepto de la demanda energética de los edificios, en un primer momento se deberá conocer el significado de diversos conceptos que serán de gran importancia durante el desarrollo del presente manual. Como conceptos más importantes se estudiarán aquellos que influyen en el cálculo de los diversos factores que determinarán la demanda energética de un edificio, tales como:

- **El clima de la zona en el que se ubica:** para ello, se hará uso de la determinación de la zona climática.
- **La carga interna de los espacios internos y los cerramientos:** permitirá conocer qué cantidad de calor se genera dentro del cerramiento de un edificio según su ocupación o uso.
  Nota: un cerramiento es el elemento constructivo de un edificio que separa a este del exterior.
- **La transmitancia:** ayudará a evitar la existencia de descompensaciones en cuanto a la calidad térmica se refiere.
- **La envolvente térmica:** agrupará a diversos parámetros característicos.

Actividades

2. ¿Qué edificios no están obligados a tener una certificación de eficiencia?

3.1. Clasificación de espacios

Una vez que se dispone de los datos del proyecto del edificio, se deben clasificar los espacios existentes en él. Estos podrán ser diferenciados en espacios habitables o no habitables.

 **Definición**

Espacio no habitable
Aquel que está formado por uno o varios recintos no habitables ubicados de manera contigua.

Teniendo en consideración los cálculos para la demanda energética, los espacios habitables se deberán clasificar en función dos factores determinantes tales como la cantidad de calor que se va a desprender en el interior (debido al uso que se dará a esa zona habitable) y el tiempo de utilización de esa zona en concreto. Así, se pueden establecer las siguientes categorías:

- **Espacios en los que se desprenderá poco calor:** denominados **con carga interna baja.** Se incluirán en esta categoría los núcleos residenciales, tales como edificios de viviendas, habitaciones de hoteles, hospitales, salas de espera, así como zonas de circulación vinculadas.
- **Espacios en los que debido a una gran ocupación o uso de equipos se desprenda una gran cantidad de calor:** aquellos que no se incluyen en la categoría anterior. Reciben el nombre de **zonas de alta carga interna del edificio.**

 **Aplicación práctica**

A partir del siguiente listado de edificios, realice una clasificación de los mismos en baja o alta carga interna: viviendas unifamiliares, sauna, gimnasio, habitación doble de hotel, lavandería, suite de hotel, pabellón deportivo, sala de espera de hospital, pasillo de hospital y sala de máquinas.

SOLUCIÓN

Baja carga interna: viviendas unifamiliares, habitación doble de hotel, suite de hotel, sala de espera de hospital y pasillo de hospital.

Alta carga interna: sauna, gimnasio, sala de máquinas, lavandería y pabellón deportivo.

Como particularidad dentro de los espacios habitables está la producción de exceso de humedad interior. Según la norma EN ISO 13788:2002 se establecerán las siguientes categorías:

ESPACIOS DE CLASE DE HIGROMETRÍA 5	
Característica	**Edificios característicos**
Existe previsión de una gran producción de humedad	Lavanderías Piscinas Saunas

ESPACIOS DE CLASE DE HIGROMETRÍA 4	
Característica	**Edificios característicos**
Existe previsión de una alta producción de humedad	Cocinas y restaurantes Pabellones deportivos Duchas colectivas

ESPACIOS DE CLASE DE HIGROMETRÍA 3 O INFERIOR

Característica	Edificios característicos
No existe previsión de producirse humedad	Edificios residenciales no incluidos anteriormente Edificios no incluidos anteriormente

Aplicación práctica

A partir de los siguientes planos correspondientes al alzado y la planta de un grupo de viviendas, indique sobre los mismos las zonas consideradas como habitables o no habitables.

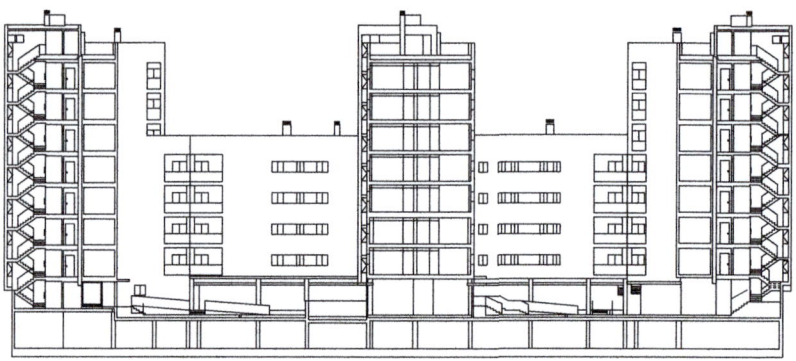

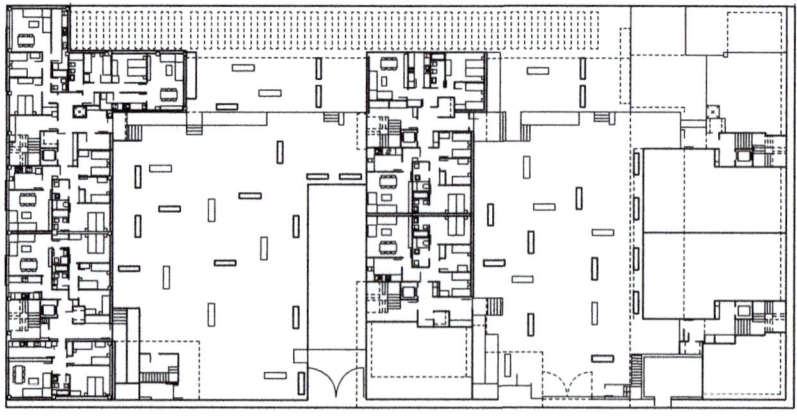

Continúa en página siguiente >>

<< Viene de página anterior

SOLUCIÓN

Sobre los planos aparecen representadas las zonas habitables y no habitables con distintos códigos de colores para su comprobación.

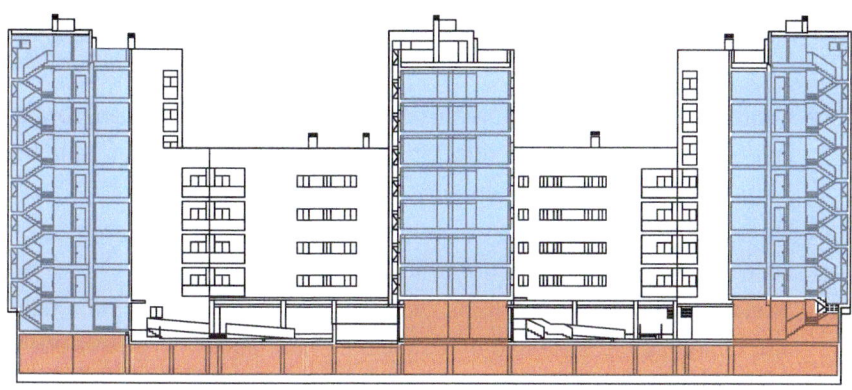

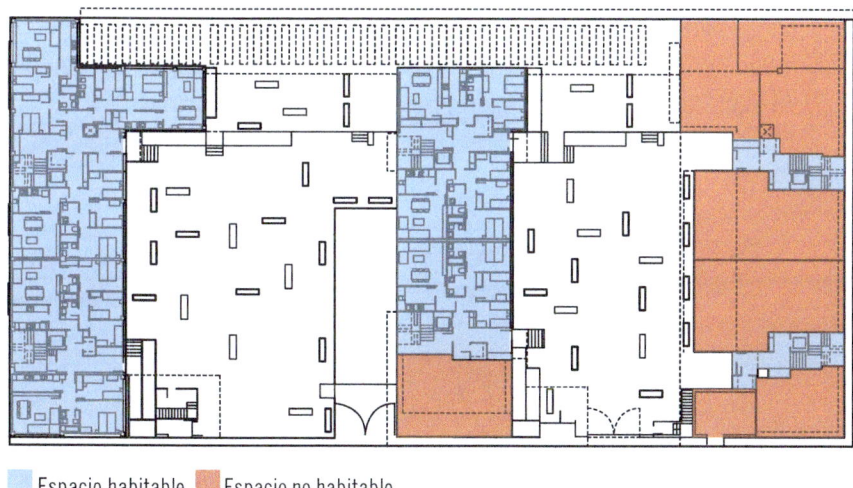

■ Espacio habitable ■ Espacio no habitable

3.2. Envolvente térmica

Según la normativa vigente, la **envolvente térmica** se define como todos los cerramientos que separan los espacios habitables del ambiente exterior, tales como aire y terreno, y todas las particiones interiores que delimitan los espacios habitables de los espacios no habitables como pueden ser las zonas de locales comerciales o el garaje.

Tomando como punto de partida los espacios habitables, los cerramientos y las particiones interiores antes mencionadas se clasificarán del siguiente modo:

- **Cubiertas:** aquellos cerramientos superiores que, estando en contacto con el aire, tienen una inclinación inferior a 60° con respecto a la horizontal. Se incluyen los lucernarios.
  Un lucernario es un hueco ubicado en la cubierta, que por consiguiente posee una inclinación inferior a 60°.
- **Suelos:** zonas de cerramientos inferiores que están en contacto con el aire o bien con el terreno o un espacio no habitable.
- **Fachadas:** todos los cerramientos exteriores que están en contacto con el aire y que poseen una inclinación superior a 60° de la horizontal. Estas se agrupan en seis tipos de orientaciones en función del ángulo formado por el norte geográfico y la normal exterior de la fachada (medido en sentido horario) que está representado por el símbolo α.

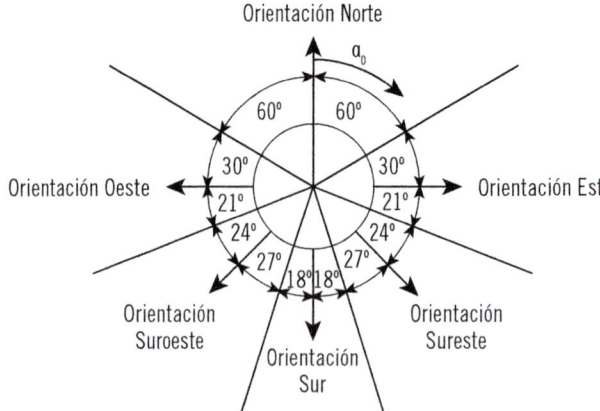

Norte	$\alpha < 60; \alpha_0 \geq 300$
Este	$60 \leq \alpha_0 \leq 111$
Sureste	$111 \leq \alpha_0 \leq 152$
Sur	$162 \leq \alpha_0 \leq 198$
Suroeste	$198 \leq \alpha_0 \leq 249$
Oeste	$249 \leq \alpha_0 \leq 300$

- **Medianeras:** cerramientos que colindan con otros edificios ya construidos. Si un edificio se construye con posterioridad a un cerramiento colindante, esta pasa a denominarse "fachada" en lugar de medianera.

- **Particiones interiores:** todos los elementos constructivos (tanto horizontales como verticales) que delimitan el interior del edificio en diferentes habitáculos.
- **Cerramientos en contacto con el terreno:** todos los cerramientos que no están incluidos en los anteriores y que están en contacto con el terreno.

Nota

El cerramiento del garaje no se considera parte de la envolvente térmica del edificio debido a que este cerramiento exterior limita con una zona no habitable del exterior.

Actividades

3. Realizar un plano de la vivienda propia e identificar sobre él las distintas partes que conforman su envolvente térmica:

- Cubiertas y suelos.
- Fachadas y medianeras.
- Particiones interiores.
- Cerramientos en contacto con el terreno.

Aplicación práctica

A partir del siguiente plano donde se representa el perfil de un edificio residencial, indique sobre el mismo los distintos cerramientos y particiones interiores que ayudan a definir la envolvente térmica. Indique además las zonas habitables y no habitables.

Continúa en página siguiente >>

<< Viene de página anterior

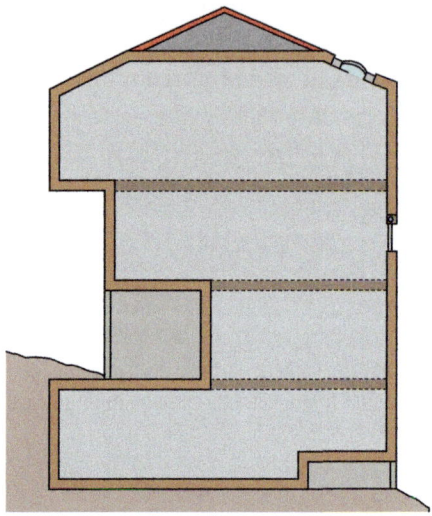

SOLUCIÓN

Sobre el dibujo se representan las siglas de los distintos cerramientos y particiones que son aclarados en la tabla adjunta.

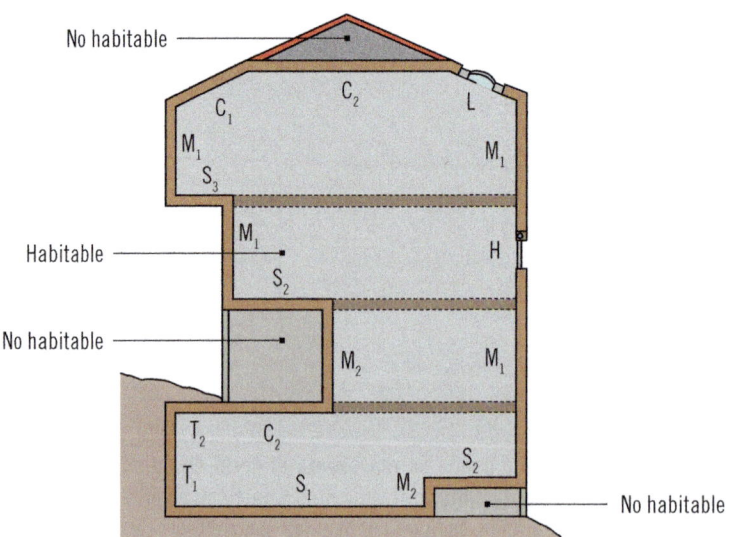

Continúa en página siguiente >>

<< Viene de página anterior

CERRAMIENTOS Y PARTICIONES INTERIORES	COMPONENTES	
CUBIERTAS	C1	En contacto con el aire
	C2	En contacto con un espacio no habitable
	L	Lucernarios
FACHADAS	M1	Muro en contacto con el aire
	M2	Muro en contacto con espacio no habitable
	H	Huecos
SUELOS	S1	Apoyos sobre el terreno
	S2	En contacto con espacio no habitable
	S3	En contacto con el aire exterior
CERRAMIENTOS EN CONTACTO CON EL TERRENO	T1	Muros en contacto con el terreno
	T2	Cubiertas enterradas
	T3	Suelos a una profundidad mayor de 0,5 m

3.3. Transmitancia térmica

La transmitancia térmica (U) es la cantidad de calor que puede atravesar una ventana. Esta cantidad se medirá por tiempo, área y diferencia de temperatura entre los elementos en los que se sitúa. Vendrá expresada en vatios/superficie por temperatura (W/m^2K).

 Importante

El aislamiento será mejor a menor valor de la transmitancia térmica (U).

Para no ocasionar descompensaciones entre las calidades térmicas en los diferentes espacios de un edificio, cada cerramiento, o bien la partición interior que forme parte de la envolvente térmica, tendrá un valor de transmitancia térmica que no deberá sobrepasar los siguientes parámetros. Estos valores estarán en función de la zona climática en la que se ubique el edificio.

Cerramientos y particiones interiores	ZONAS				
	A	B	C	D	E
Muros de fachada y particiones interiores en contacto con espacios no habitables	1,22	1,07	0,95	0,86	0,74
Suelos	0,69	0,68	0,65	0,64	0,62
Cubiertas	0,65	0,59	0,53	0,49	0,46
Vidrios y marcos	5,70	5,70	4,40	3,50	3,10
Medianeras	1,22	1,07	1,00	1,00	1,00

 Definición

Zona climática
Zona en la que se ubica un municipio. El concepto de zona climática será desarrollado con mayor profundidad en un apartado posterior.

3.4. Condensaciones

Dentro de los diversos factores que deben conocerse para determinar la cuantificación energética de un edificio está la **determinación de los condensados.**

El fenómeno de los condensados es un desagradable proceso que sucede en determinadas ocasiones en el interior de los cerramientos de un edificio. Estas condensaciones ocurren debido a diversos factores como son la temperatura exterior del edificio, la interior, la humedad relativa y sobre todo por el material empleado en la construcción de los cerramientos.

El proceso de condensación se origina debido a que, para cada temperatura, el aire acepta una cantidad limitada de agua. Cuando esta cantidad es superada, el aire empieza a soltar agua como si fuera una esponja. Aparece entonces la condensación, con la particularidad que se originará en primer lugar sobre las superficies más frías, es decir, sobre aquellos elementos que posean un coeficiente U más elevado.

Por otra parte, se define el concepto de **humedad relativa del aire** como la relación que guarda la cantidad de agua que tiene el aire en una determinada temperatura y la máxima que aceptaría a esa misma temperatura.

En el caso de que la humedad relativa sea del 100 %, se estará en el punto de rocío y surgirá el fenómeno de la condensación.

A continuación, se realiza una clasificación de los diferentes tipos de condensaciones.

Importante

A temperaturas más elevadas del aire, mayor cantidad de agua puede retener. La probabilidad de que aparezcan condensados es mayor cuanto mayor sea la humedad del ambiente y menor la temperatura interior.

Actividades

4. Indicar un proceso natural de condensación y describir cómo se origina.

Condensaciones superficiales

Responsables de la formación de condensados sobre los cerramientos y las particiones interiores. Es la principal causa del origen de moho sobre estos.

Para evitar su formación en las superficies que son susceptibles de absorber una cierta cantidad de agua que pudiera deteriorarlas, se controlará la humedad relativa de modo que sea inferior al 80 %.

Para su cálculo, se tomará por defecto una temperatura interior de 20 ºC para el mes de enero.

Nota

Para no tomarse este dato por defecto, se deberá calcular la humedad relativa mediante el procedimiento descrito en el apartado G del Documento Básico de Ahorro Energético (HE) del Código Técnico de la Edificación (CTE).

Seguidamente, se procederá a conocer el factor de temperatura de la superficie interior de un cerramiento (f_{RSi}) mediante la siguiente expresión matemática:

$$f_{Rsi} = 1 - U \cdot 0,25$$

Donde:

- **U:** representa la transmitancia de los cerramientos.

Para comprobar que se cumplen con las especificaciones de la limitación de demanda energética, se comparará el valor de la temperatura de la superficie interior con otro valor considerado como mínimo según la zona climática del edificio e indicado en la siguiente tabla.

Clase higrométrica	Zona A	Zona B	Zona C	Zona D	Zona E
3 o inferior	0,50	0,52	0,56	0,61	0,64
4	0,66	0,66	0,69	0,75	0,78
5	0,80	0.80	0,80	0,90	0,90

Nota

Tendrán que comprobarse las particiones interiores que estén ubicadas junto a espacios no habitables donde se prevea poca producción de vapor de agua. Se incluyen además los cerramientos y los suelos en contacto con el terreno.

Condensaciones intersticiales

Son las responsables de la formación de condensados en el interior de los elementos que forman parte de las particiones interiores y los cerramientos. Estos condensados pueden causar el deterioro de los elementos constructivos y acortar su vida útil.

De igual manera, se buscará controlar las condensaciones intersticiales en los cerramientos y las particiones interiores. Así, se controlarán las prestaciones térmicas de los materiales y un posible deterioro de los mismos.

Para su cálculo, se tomará por defecto una temperatura interior de 20 °C durante todo el año y una humedad relativa que irá función de la clase de higrometría del espacio en estudio.

HIGROMETRÍA	PORCENTAJE (%)
Clase 3 o inferior	55
Clase 4	62
Clase 5	70

 Nota

Para no tomarse este dato por defecto, se deberá calcular la humedad relativa mediante el procedimiento descrito en el apartado G del Documento Básico de Ahorro Energético (HE) del Código Técnico de la Edificación (CTE).

Para cerciorarse de que no se forman condensaciones intersticiales, se deberá verificar que la presión de vapor en la superficie de los cerramientos es inferior a la presión de vapor de saturación. Para ello se deberá conocer la distribución de temperaturas, las presiones de vapor y las presiones de vapor de saturación.

Para proceder al cálculo de esta limitación se deberá hacer uso de algún programa informático, ya que sus cálculos, aunque no muy complicados, sí son algo engorrosos y necesitan tener una base de datos sobre presiones de vapor y presiones de vapor de saturación.

Actividades

5. Indicar las principales características de una clase higrométrica 3 y 4. Realizar un mapa conceptual de los condensados y sus tipos.

3.5. Permeabilidad al aire

La permeabilidad al aire tiene como objetivo realizar una clasificación de las carpinterías instaladas en los huecos, ya sean ventanas, puertas o lucernarios, en función de la cantidad de aire que atraviesa el cerramiento si está cerrado. Esta medida se realiza con una sobrepresión de 100 Pa.

Definición

Pascal
Unidad de medida de presión en el Sistema Internacional. Se define como la fuerza que ejerce 1 newton sobre una superficie de 1 metro cuadrado.

Actividades

6. Buscar información en internet y realizar una clasificación de las distintas clases de carpinterías que existen en el mercado para instalar en huecos.

Para el cálculo de este proceso, se tomará como guía la norma UNE-EN 12207:2017. No obstante, su valor irá en función del clima de la zona donde se ubique el edificio. Para ello, se deberán tener en consideración las indicaciones de la zona climática.

Como guía, se indican a continuación los valores límite de la permeabilidad al aire según la zona climática:

ZONAS CLIMÁTICAS	PERMEABILIDAD AL AIRE
A	50 m³ / h m²
B	
C	27 m³ / h m²
D	
E	

La norma UNE-EN 12207:2017 muestra sobre una gráfica las diferentes infiltraciones que pueden originarse según la presión del viento y el caudal del mismo medido en m³.

Así, un determinado cerramiento que ha sido sometido a ensayo pertenecerá a una clase siempre y cuando su permeabilidad no sobrepase los valores determinados. De este modo, un cerramiento puede clasificarse desde clase 4 (menor grado de permeabilidad) a clase 0 (sin ensayar).

 Nota

Para las clases 4 y 3, la presión de ensayo es de 600 Pa. Para la clase 2 de hasta 300 Pa y para la clase 1 de hasta 150 Pa.

Aplicación práctica

Se desea conocer qué permeabilidad posee una ventana que va a instalarse en una vivienda; y para ello, se hará uso de la siguiente gráfica. Determine, para un valor de presión de 100 Pa, en qué clase está encuadrado dicho cerramiento.

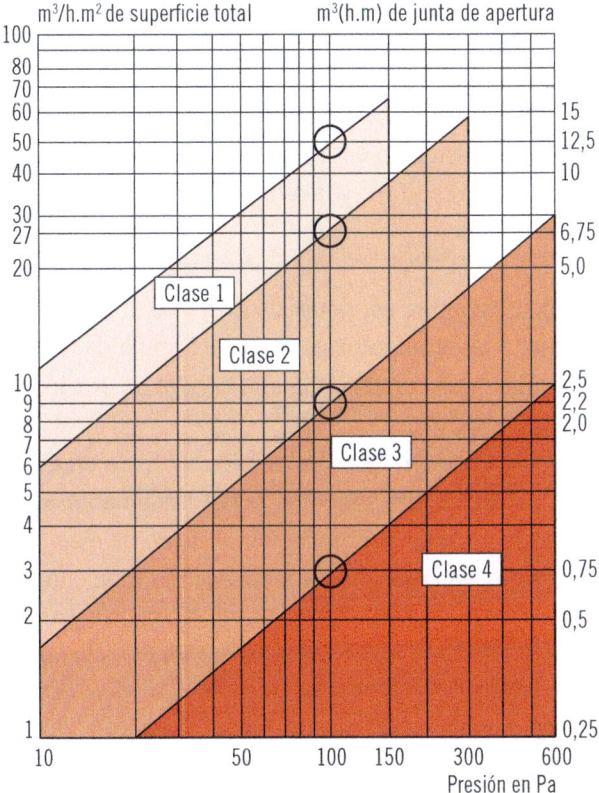

SOLUCIÓN

Para un valor de la presión de 100 Pa puede observarse que la ventana quedará clasificada como de clase 4 (la máxima permeabilidad) siempre que no sobrepase una infiltración de 3 m3/h.

4. Determinación de la zona climática

Este procedimiento podrá realizarse de dos modos a elección del técnico competente en la materia. Se puede calcular la zona climática a partir de datos ya tabulados, o bien trabajar a partir de registros contrastados de la zona donde está el edificio sobre el que se va a trabajar.

4.1. A partir de datos tabulados

Para determinar la zona climática de cualquier localidad en la que se va a trabajar se tendrá en consideración la diferencia de altura que exista entre la localidad en la que esté el edificio y la altura de referencia a la que se encuentra la capital de la provincia.

Si esta diferencia de altura es menor de 200 m o la localidad se encuentra a una altura inferior a la de referencia, se tomará como dato para nuestro proyecto la zona climática que corresponde a la capital de provincia.

Para ello se tomará como referencia la tabla incluida en el apéndice 1 del presente manual y extraída del apéndice D del Documento Básico Ahorro de Energía del Código Técnico de la Edificación. A modo de ejemplo, se utilizarán varios valores extraídos de la misma para conocer su funcionamiento:

Ejemplo

A partir de los siguientes datos, determinar qué zona climática corresponde a cada municipio:

▌ Albacete.
▌ Cumbres Mayores (Huelva).

Continúa en página siguiente >>

<< Viene de página anterior

Capital de provincia	Capital	Altitud (m)	Desnivel entre capital y localidad (m)				
			≥ 200 < 400	≥ 400 < 600	≥ 600 < 800	≥ 800 < 1.000	≥ 1.000
Albacete	D3	677	D2	E1	E1	E1	E1
Alicante	B4	7	C3	C1	D31	D1	D1
Huelva	B4	50	B3	C1	C1	D1	D1

Observando los datos indicados en la tabla, se ve que Albacete posee una zona climática D3.

Por otra parte, Cumbres Mayores no está incluida en la tabla. Es por ello que habrá que fijarse en el valor de la capital de provincia, en este caso Huelva. Así, consultando la documentación necesaria, se ve que Cumbres Mayores posee una altitud de 700 metros y Huelva de 50 metros. Por consiguiente, se trata de un desnivel entre ellas de 650 metros. Luego, fijándose en la parte derecha de la tabla, se buscará el desnivel encuadrado en ≥600 <800, indicando la zona climática C1.

Aplicación práctica

Haciendo uso de la tabla incluida en el apéndice 1, ¿sabría indicar la zona climática correspondiente a las siguientes localidades?

I Málaga.
I Montejícar.

SOLUCIÓN

Haciendo uso del apéndice 1, puede identificarse a Málaga como una zona climática A3.

Por su parte, Montejícar se encuentra a 1.140 m de altitud. Tendrá que hacerse uso de la parte de la derecha de la tabla, donde se tiene en consideración el desnivel existente entre la localidad de referencia y donde se ubica el edificio. Por tanto, posee una zona climática E1.

4.2. A partir de datos contrastados

Este procedimiento a seguir se realizará únicamente para aquellos casos en los que se disponga de unos registros climáticos bien contrastados tanto en invierno como en verano.

- El procedimiento de trabajo será el siguiente:
- Se calculará la severidad climática en la estación de invierno.
- Se calculará la severidad climática en la estación de verano.

Una vez obtenidos ambos datos, se determinará la zona climática localizando los dos intervalos donde se superponen ambas severidades. Para ello se hará uso de la siguiente tabla:

	A4	B4	C4		
Severidad climática de verano	A3	B3	C3	D3	E1
			C2	D2	
			C1	D1	
		Severidad climática de invierno			

Severidad climática de invierno (SCI)

Para conocer el valor de la severidad climática se combinarán los grados-día y la radiación solar de la localidad, de manera que se pueda comprobar que, si dos localidades tienen la misma severidad climática en invierno, la demanda energética de calefacción de un mismo edificio será igual en ambos lugares. Este proceso de razonamiento puede llevarse a cabo del mismo modo para la estación verano.

El valor de SCI puede calcularse de dos formas según los datos de los que se disponga:

- La primera de ellas se basa en los datos de grados-día de invierno y la radiación global acumulada. Con estos datos se aplicará la siguiente ecuación matemática:

$$SCI = a \cdot Rad + b \cdot GD + c \cdot Rad \cdot GD + d \cdot (Rad)^2 + e \cdot (GD)^2 + f$$

Donde las letras a, b, c, d, e y f representan una serie de parámetros fijos indicados a continuación:

a	b	c	d	e	f
$-8{,}35 * 10^{-3}$	$3{,}72 * 10^{-3}$	$-8{,}62 * 10^{-5}$	$4{,}88 * 10^{-5}$	$7{,}15 * 10^{-7}$	$-6{,}81 * 10^{-2}$

Donde:

- **GD:** representa la media de los grados-día de invierno en base 20 para los meses de enero, febrero y diciembre.
- **Rad:** representa la media de la radiación global acumulada para los meses de enero, febrero y diciembre empresada en kW h/m^2.

- La segunda opción de cálculo se realizará a partir de los grados-día de invierno y el ratio entre número de horas de sol y el número de horas de sol máximas. Para ello se hará uso de la siguiente expresión matemática:

$$SCI = a \cdot gd + b \cdot n / n + c \cdot (GD)^2 + d \cdot (n/N)^2 + e$$

Donde las letras a, b, c, d y e representan una serie de parámetros fijos indicados a continuación:

a	b	c	d	e
$2{.}395 * 10^{-3}$	$-1{.}111$	$1{.}885 * 10^{-6}$	$7{.}026 * 10^{-1}$	$5{.}709 * 10^{-2}$

Donde:

- **GD:** representa la media de los grados-día de invierno en base 20 para los meses de enero, febrero y diciembre.
- **n/N:** representa el número de horas de sol y el número de horas de sol máximas sumadas cada una de ellas por separado para los meses de enero, febrero y diciembre.

Una vez realizados los cálculos, se hará uso de la siguiente tabla, que establece cinco categorías en función del valor obtenido:

A	B	C	D	E
SCI≤0,3	0,3<SCI≤0,6	0,6<SCI≤0,95	0,95<SCI≤1,3	SCI>1,3

Severidad climática de verano (SCV)

De igual modo que para el caso anterior, el cálculo de la severidad para la estación de verano podrá realizarse de dos modos dependiendo de los datos que se conocen:

- La primera de ellas se basa en los datos de grados-día de invierno y la radiación global acumulada.

$$SCV = a \cdot Rad + b \cdot GD + c \cdot Rad \cdot GD + d \cdot (Rad)^2 + e \cdot (GD)^2 + f$$

Donde las letras a, b, c, d, e y f representan una serie de parámetros fijos indicados a continuación:

a	b	c	d	e	f
$3.724 * 10^{-3}$	$1.409 * 10^{-2}$	$-1.869 * 10^{-5}$	$-2.053 * 10^{-6}$	$-1.389 * 10^{-5}$	$-5.434 * 10^{-1}$

Donde:

- **GD:** representa la media de los grados-día de verano en base 20 para los meses de junio, julio, agosto y septiembre.
- **Rad:** representa la media de la radiación global acumulada para los meses de junio, julio, agosto y septiembre en kW h/m^2.

■ La segunda opción de cálculo se realizará a partir de los grados-día de verano y el ratio entre número de horas de sol y el número de horas de sol máximas. Para ello se hará uso de la siguiente expresión matemática:

$$SCV = a \cdot GD + b \cdot n / N + c \cdot (GD)^2 + d \cdot (n / N)^2 + e$$

Donde las letras a, b, c, d y e representan una serie de parámetros fijos indicados a continuación:

a	b	c	d	e
$1.090* 10^{-2}$	1.023	$-1.638* 10^{-5}$	$-5.977* 10^{-1}$	$-3.370* 10^{-1}$

Donde:

- **GD:** representa la media de los grados-día de invierno en base 20 para los meses de enero, febrero y diciembre.
- **n/N:** representa el número de horas de sol y el número de horas de sol máximas sumadas cada una de ellas por separado para los meses de enero, febrero y diciembre.

Del mismo modo que antes, realizados los cálculos, se hará uso de la siguiente tabla donde, según los valores obtenidos, se establecerán cuatro divisiones:

1	2	3	4
SCV ≤ 0,6	0,6 < SCV ≤ 0,9	0,9 < SCV ≤ 1,25	SCV > 1,25

Mediante combinaciones de las cinco divisiones del SCI y las cuatro del SCV se pueden obtener 20 combinaciones correspondientes a las 20 zonas climáticas distintas a nivel mundial. De ellas, únicamente se tomarán en consideración las 12 zonas que corresponden a las zonas climáticas en las que se localizan las poblaciones españolas.

Así, se establecerán en la anterior tabla las zonas climáticas donde la letra corresponderá a la severidad climática de invierno y un número correspondiente a la severidad climática en verano. No obstante, en la imagen anterior puede observarse que faltan algunas combinaciones. Esto se debe a que:

- Las zonas A1 y A2 tendrán las mismas condiciones que la zona climática A3.
- Las zonas B1 y B2 tendrán las mismas condiciones que la zona climática B3.
- Las zonas E2, E3 y E4 se considerarán como si estuvieran en la zona climática E1.

5. Procedimiento de verificación

Para realizar un adecuado estudio se deberán comprobar las siguientes aplicaciones teniendo en consideración que en el proyecto se elegirá uno de los procedimientos alternativos de comprobación: la opción simplificada o la opción general.

En ambas opciones se limitará la presencia de condensaciones en la superficie y en el interior de los cerramientos, así como la limitación de pérdidas energéticas originadas por las corrientes de aire que procedan del exterior. Estas circunstancias deberán darse bajo condiciones normales de utilización del edificio.

5.1. Opción simplificada

Está basada en un control indirecto de la demanda energética de un edificio que será rehabilitado o bien de nueva construcción. Para ello se limitarán los parámetros característicos de los cerramientos y los habitáculos interiores que forman parte de su envolvente térmica. Para ello se controlará la transmitancia térmica U y el factor solar modificado F.

 Definición

Transmitancia térmica
Flujo de calor entre los dos lados del elemento que se está estudiando. Se expresa en W/m^2 K.

Este factor solar modificado se describe como el producto de dos términos que se describen a continuación:

- **Factor solar:** se indica mediante la división entre la radiación solar que incide normalmente sobre el edificio a través del acristalamiento y la radiación que se introduciría si se pusiera un hueco totalmente transparente en lugar del acristalamiento.
- **Factor de sombra:** es la cantidad de radiación que incide sobre un hueco y que no es bloqueada por la presencia de algún obstáculo de la fachada.

Además, se deberá limitar la presencia de condensaciones tanto sobre la superficie como en el interior de los cerramientos. Otra de las limitaciones de parámetros que se deberá controlar será la entrada de aire desde el exterior a través de huecos y lucernarios.

 Definición

Lucernario
Ventana situada en el techo o la parte superior de una pared y utilizada para proporcionar luz al interior de un habitáculo.

Para finalizar, se deberá controlar la transmisión de calor entre los habitáculos calefactados y los que no son necesarios calefactar

Esto se comprobará realizando una comparativa entre los valores obtenidos mediante procedimientos de cálculo y los valores límite permitidos.

 Recuerde

Para aplicar este tipo de opción el edificio deberá ser de nueva construcción o rehabilitado.

 Actividades

7. Explicar brevemente en qué consiste el modelo de opción simplificada.
8. Buscar información sobre los distintos cerramientos y la transmitancia térmica que ofrecen.

Aplicación de la opción simplificada

Este tipo de opción se podrá llevar a cabo cuando se cumplan dos circunstancias en el edificio:

- Que la superficie de los huecos en cada una de las fachadas sea inferior al 60 % de la superficie de dichas fachadas. De manera excepcional, en casos donde la cubierta de una de las fachadas sea inferior al 10 % del área total de las fachadas del edificio, se aceptará una superficie de huecos superior al 60 %.
- Que la superficie de los lucernarios sea inferior al 5 % de la superficie total de la cubierta.

Estarán excluidos los edificios cuyos cerramientos los formen otras soluciones constructivas llamadas **no convencionales,** como los muros Trombe.

Esquema de un muro Trombe

Posición en verano | Posición en invierno

Nota

El muro Trombe es un tipo de cerramiento que realiza el calentamiento del interior de un edificio haciendo uso de la energía solar. Su estructura se compone de una hoja de fábrica interior, una cámara de aire y un acristalamiento exterior. En él, la circulación del aire se produce de modo natural o forzado.

Parámetros característicos medios

Para llevar a cabo la comprobación de la limitación de la demanda energética del edificio se determinarán los valores de los siguientes parámetros (hay que aclarar que las dimensiones de las áreas de los cerramientos que se utilizarán en estos cálculos se tomarán desde el interior del edificio):

- Transmitancia media de suelos U_{sm}.
- Transmitancia media de cubiertas U_{cm}.
  Se deberán incluir el promedio de la transmitancia de los lucernarios U_L y los puentes térmicos integrados en cubierta U_{FC}.
- Factor solar modificado medio de lucernarios de cubiertas F_{HM}.
- Factor solar modificado medio de huecos de fachadas F_{HM} para cada orientación.
- Transmitancia media de huecos de fachadas U_{HM} para cada una de las orientaciones.
- Transmitancia media de cerramientos en contacto con el terreno U_{TM}.
- Transmitancia media de muros de fachada para cada orientación U_{HM}.
  Se deberán incluir los puentes térmicos integrados en la fachada; por ejemplo, los pilares en fachada U_{PF2} y la caja de persianas cubierta U_{PF3}.

Para el cálculo de los parámetros característicos de los cerramientos y las particiones interiores de los edificios se calcularán las zonas de baja carga interna y las zonas de alta carga interna tal y como se indica en el apéndice E del Código Técnico de la Edificación en el Documento Básico de Ahorro Energético (CTE-DB).

5.2. Opción general

Basada en la comprobación de la demanda energética del edificio, utiliza para ello la comparativa con la demanda que ejerce otro edificio que se tomará como referencia. Tiene tres objetivos que se indican a continuación:

- Limitar la demanda de energía del edificio de un modo directo mediante el uso de un método de cálculo (será estudiado más adelante en este apartado).
- Limitar la presencia de condensados en la envolvente térmica.
- Limitar las infiltraciones de aire.

Las carpinterías destinadas a ocupar los huecos de los espacios habitables, ya sean las ventanas, las puertas o los lucernarios de los cerramientos, se caracterizan por tener cierta permeabilidad al aire.

 Nota

La permeabilidad dependerá del clima de la localidad, es decir, de la zona climática.

Esta permeabilidad al flujo de aire se mide con una sobrepresión de 100 Pa y deberá tener un valor inferior según unos valores tabulados en cada zona climática.

Zonas climáticas A y B	Zonas climáticas C, D y E
<50 m³/h m²	<27 m³/h m²

?   Sabía que...

La única condición para poder realizar esta opción general es que se construya un edificio con técnicas constructivas innovadoras cuyos datos no puedan ser introducidos en un programa informático.

Aplicación de la opción general

Esta aplicación se empleará únicamente en aquellas construcciones que se realicen mediante técnicas constructivas innovadoras y que impiden que se pueda introducir sus datos en los programas informáticos correspondientes. No obstante, si se utilizan este tipo de construcciones, se deberán justificar las medidas de ahorro energético realizadas.

Especificaciones del método

Para el cumplimiento de este método se calculará hora a hora el comportamiento térmico del edificio; es por ello que se tendrán en consideración las solicitaciones tanto externas como internas. Su desarrollo tendrá diversos aspectos a tratar:

- Estudio de las solicitaciones exteriores de radiación solar sobre los cerramientos de la envolvente.
  La solicitación es el tipo de acción o fenómeno externo que afecta a una estructura y que necesita ser tenido en cuenta en los cálculos estructurales.
- Definición de las sombras originadas sobre huecos por elementos de la propia fachada.
- Estudio de ganancias y pérdidas de la transmisión de calor por conducción a través de cerramientos y huecos.
- Limitación de condensaciones tanto superficiales como intersticiales.
- Transmisión de la radiación solar a través de las superficies semitransparentes.

- Se valorará la ubicación de persianas y cortinas exteriores haciendo uso de los coeficientes correctores del factor solar y la transmitancia térmica del hueco.
- Conocimiento de las infiltraciones a partir de la permeabilidad a través de las ventanas.
- Se considerará la ventilación en términos de renovaciones/hora.
- Conocimiento del efecto de la carga interna.
- Estudio sobre el comportamiento a temperatura controlada o libre de los espacios.
- Conocimiento del acoplamiento térmico entre las zonas próximas al edificio que poseen niveles térmicos distintos.

Programas informáticos de referencia

Para llevar a cabo el proceso de cálculo de la opción general se optará por el uso de programas informáticos oficiales, o bien desarrollados al efecto, que realizarán todos los aspectos mencionados anteriormente. El técnico únicamente deberá saber qué parámetros ha de introducir en cada entrada. A continuación se explican algunos de los programas que se pueden encontrar:

- **Herramienta unificada LIDER-CALENER (HULC):** es un *software* de simulación energética que se utiliza para calcular la demanda energética de un edificio y emitir el informe de certificación energética del mismo. Además, esta herramienta facilita la verificación del documento básico de ahorro de energía (DB-HE) del Código Técnico de la Edificación (CTE).
- **Programas propios desarrollados por empresas del sector de las ingenierías:** con este fin, cualquier programa informático que se desarrolle deberá ser validado con el procedimiento que se establece para su reconocimiento según se indica en el CTE.

Actividades

9. Buscar información sobre los distintos programas informáticos que se utilizan para realizar el cálculo de la opción general.

5.3. Documentación justificativa

Si se opta por llevar a cabo la opción simplificada, el proyecto deberá acompañarse de cierta documentación que se describe a continuación:

- **Ficha I:** referente al cálculo de los parámetros característicos medios. En ella se indicará la zona climática que corresponde al edificio y si se trata de una zona de baja o alta carga interna. Además, deberán indicarse los valores de las transmitancias de muros, suelos, cubierta y lucernarios, así como de los huecos. A continuación se muestra una imagen correspondiente a parte de la ficha I, en la cual se representan los valores necesarios que deben rellenarse: los tipos de suelo, sus áreas correspondientes (A), la transmitancia térmica (U) y sus sumatorios correspondientes.

		Suelos (U)		
Tipos	A (m²)	U (W/m² ºK)	A U (W/m² ºK)	Resultado
				$\Sigma A =$
				$\Sigma A{\cdot}U =$
				$U = \Sigma A{\cdot}U / \Sigma A =$

Imagen correspondiente a un extracto de la ficha I

- **Ficha II:** referente a la conformidad de la demanda energética. De igual manera, se indicará la zona climática que corresponde al edificio y si se trata de una zona de baja o alta carga interna. En ella se compararán los valores máximos permitidos y los obtenidos en el proyecto, en lo que se refiere a la transmitancia térmica. En la siguiente imagen se muestra una parte de la ficha II, en la cual se representan los valores necesarios que deben rellenarse: tipos de huecos, sus áreas correspondientes (A), la transmitancia térmica (U) y sus sumatorios correspondientes.

Huecos				
Tipos	A (m²)	U (W/m² ᵉK)	A U (W/ ᵉK)	Resultado
				$\Sigma A =$
				$\Sigma A \cdot U =$
				$U = \Sigma A \cdot U / \Sigma A =$

Imagen correspondiente a un extracto de la ficha II

■ **Ficha III:** referente a la conformidad sobre las condensaciones, en la que se compararán los valores del proyecto con los considerados como máximos. A modo de ejemplo se presenta una parte de la ficha III, en la que se muestra la comparación de las transmitancias de cerramientos en contacto con el terreno y los suelos. Los indicados como (4) representan los valores correspondientes a los indicados en la ficha I y los indicados como (5) representan los valores límite de los parámetros característicos.

Cerramiento contacto terreno		Suelos	
$U_{rm}^{(4)}$	$U_{min}^{(5)}$	$U_{\Sigma m}^{(4)}$	$U_{\Sigma m}^{(5)}$
	$\leq$		$\leq$

Imagen correspondiente a un extracto de la ficha III

Todas estas fichas se incluyen en el apéndice H del Documento Básico de Ahorro Energético del citado Código Técnico de la Edificación.

6. Aplicación práctica de la opción simplificada

Durante este apartado se tratará un ejemplo de la aplicación simplificada, pues será utilizada en la mayor parte de los casos para justificar la limitación de demanda energética.

A modo de ejemplo se utilizará una vivienda unifamiliar entre medianeras ubicada en la ciudad de Sevilla, constituida por un sótano, una planta baja y una cubierta a dos aguas (posee además un espacio no habitable bajo la cubierta).

Como características, su orientación es N-S y el terreno presenta un desnivel de 0,60 metros.

Características del edificio a estudio

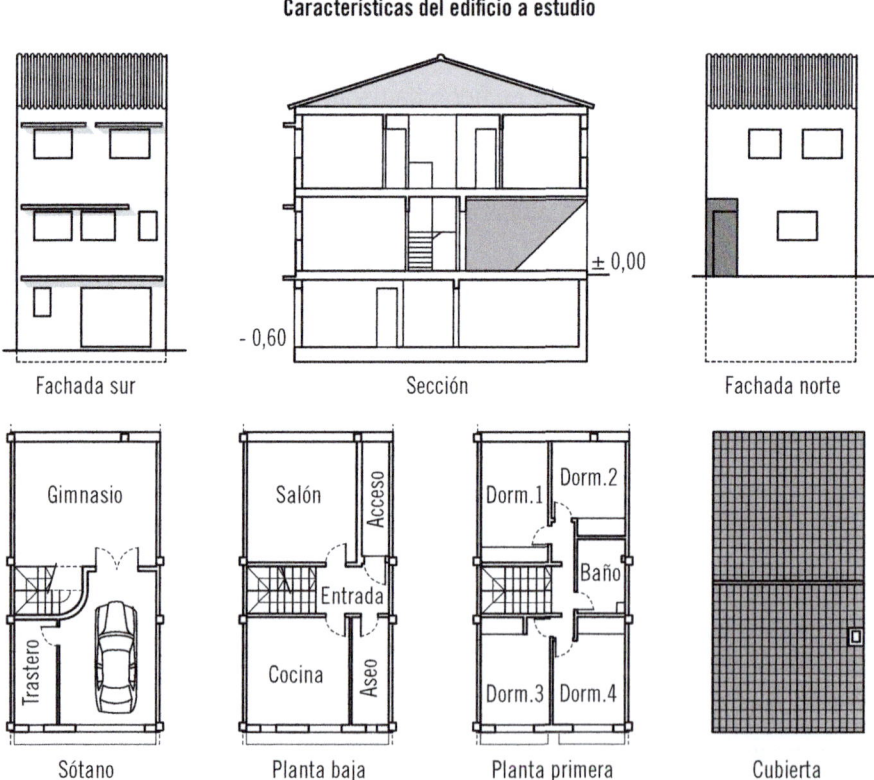

Fachada sur	Sección	Fachada norte

Sótano	Planta baja	Planta primera	Cubierta

Las características del edificio se deberán extraer de memoria del proyecto, pero a modo de ejemplo se indican algunas de ellas, que serán de utilidad para realizar la aplicación práctica:

- **Cimentación:** la vivienda se asienta sobre una losa de hormigón armado de 50 cm de espesor y un muro de contención sobre el desnivel del terreno de hormigón armado de 30 cm de espesor. Este muro tiene trasdosado autoportante de cartón-yeso y aislante en la cámara.
- **Estructura:** está proyectada para que sea compartida con las viviendas colindantes y formada por pilares de 25 x 25 cm de hormigón, forjados unidireccionales de hormigón 25 + 5 cm y losas armadas para las zonas de escalera y los protectores de los huecos.
- **Medianeras:** compuestas por enlucido de yeso de 1,5 cm, fábrica de ladrillo perforado (LP) de ½ pie, poliuretano proyectado de 3 cm, cámara de aire de 2 cm, fábrica de ladrillo perforado (LP) de ½ pie y enlucido de yeso de 1,5 cm.
- **Particiones interiores:** formadas por tabiques de ladrillo hueco sencillo (LHS) entre espacios del mismo uso, tabicones de ladrillo de hueco doble (LHD) entre espacios de distinto uso y ½ pie de ladrillo perforado (LP) con una capa de lana de roca de 4 cm y un trasdosado de cartón-yeso de 2,5 cm ubicados entre el gimnasio y el garaje.

 **Actividades**

10. Indicar las características que permiten aplicar la opción simplificada.

6.1. Cálculos previos

Se realizarán a continuación las operaciones necesarias para conocer los valores de los distintos parámetros necesarios para verificar las exigencias del documento HE I, Limitación de Demanda Energética. Estos cálculos serán necesarios también para la opción general, si bien en este caso se hará uso de programas informáticos.

Determinación de la zona climática

Para conocer la zona climática se hará uso de datos tabulados. Para ello se utilizará el apéndice 1, extraído del apéndice D del documento básico Ahorro de Energía del Código Técnico de la Edificación. En él podrá identificarse la zona climática que corresponde a nuestro edificio. Según los datos de partida, el edificio está ubicado en Sevilla; por tanto: zona climática B4.

 Actividades

11. Haciendo uso del apéndice 1 incluido en el manual, identificar las zonas climáticas a las que corresponden las siguientes localidades:

    ı Palencia.
    ı Segovia.
    ı Iznalloz, ubicada a 800 m de altitud en la provincia de Granada.
    ı Palma de Mallorca.

Clasificación de los espacios

Una vez conocida la distribución del edificio, se establecerá una clasificación en zonas habitables y no habitables. Además, se indicará el tipo de carga interna así como su higrometría. Para una mejor comprensión se agruparán en E0 (espacios habitables y no habitables existentes en el sótano), E1 (espacios existentes en la planta 1.ª) y E2 (espacios existentes en la planta 2.ª).

EDIFICIO		ESPACIOS				
			Espacios habitables			Espacio no habitable
Planta	Recinto	Nombre	Carga interna		Higrometría (clase)	
			Baja	Alta		
Sótano	Garaje	E0	-	-	-	X
	Trastero					
	Gimnasio					
Baja	Entrada	E1	X	-	3	-
	Cocina					
	Aseo					
	Salón					
Primera	Dormitorio 1					
	Dormitorio 2					
	Dormitorio 3					
	Dormitorio 4					
	Baño					
	Distribuidor					
Cubierta	Bajo-cubierta	E2	-	-	-	X

Determinación de la envolvente térmica

Seguidamente se procederá a realizar una clasificación de los elementos que forman parte de la envolvente térmica. Se incluirán en esta los cerramientos que están en contacto con el ambiente exterior y las particiones interiores.

Recuerde

La envolvente térmica separa los espacios habitables del exterior de los espacios no habitables.

A continuación se muestra la envolvente térmica sobre la sección del edificio y una denominación de sus componentes que será de gran utilidad durante el desarrollo de la aplicación práctica.

Determinación de la envolvente térmica

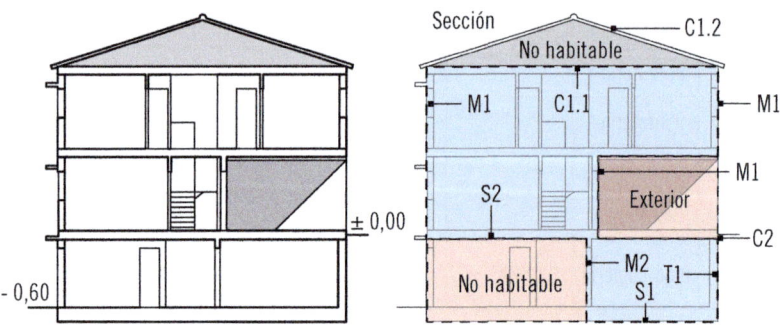

Actividades

12. Realizar un mapa conceptual de las zonas habitables y no habitables de la imagen anterior. ¿Qué zonas limitan con el exterior? ¿Cuál de ellas limita con zonas habitables y el exterior?

Otro de los datos necesarios será la obtención del porcentaje de huecos en cada una de las fachadas del edificio. Para ello será necesario disponer de los datos del proyecto del edificio y realizar la correspondiente suma de todos los huecos existentes. A modo de ejemplo:

Orientación	Superficie total (m²)	Superficie huecos (m²)	% HUECOS
Norte	26,68	5,68	22
Sur	10,63	0,00	0
Este	0,00	0,00	0
Oeste	42,06	9,23	23

Según las condiciones expuestas anteriormente en lo referente a los requisitos para la elección de la opción simplificada, puede comprobarse que se cumplen ambas premisas:

- **Porcentaje de huecos:** inferior al 60 % en cada una de las fachadas.
- **Porcentaje de lucernarios:** no existen en el proyecto.

Por consiguiente, puede aplicarse la opción simplificada para el edificio estudiado.

6.2. Cálculos de los parámetros característicos de los componentes de la envolvente térmica

Durante el desarrollo de este apartado se procederá al cálculo de varios de los parámetros que definen la envolvente del edificio sobre el que se está trabajando. Más concretamente, se trabajará sobre el cerramiento en la fachada, el hueco en una de las ventanas y el cerramiento en contacto con el terreno. Los restantes valores pueden calcularse siguiendo los pasos indicados en el Código Técnico de la Edificación, en su Documento Básico sobre el Ahorro Energético HE1.

Transmitancia térmica de los cerramientos en contacto con el aire exterior

Se estudiarán aquí los forjados ubicados bajo la cubierta, la cubierta a dos aguas y la fachada del edificio. Para nuestro caso, la cubierta consta de un forjado horizontal ejecutado en hormigón y faldones inclinados sobre tabiquillos con tejas. Y como dato adicional, el espacio intermedio entre el forjado y la cubierta estará aislado en su cara inferior con lana de roca.

Tipo	Orientación		Componentes	Contacto	Parámetro a controlar
Cubierta	-	C1	Forjado bajo cubierta (C1.1)	Espacio no habitable	U_{C1}
			Cubierta a dos aguas (C1.2)	Aire exterior	
Acceso	-	C2	Forjado PB + Pavimento exterior	Aire exterior	U_{C2}

Cubierta a dos aguas

Para su cálculo deberá observarse que se trata de una partición interior en contacto con una zona no habitable. Es por ello que se hará uso de la expresión:

$$U = U_p \cdot b$$

Donde:

▪ **U_p:** representa la transmitancia térmica del forjado bajo cubierta.
▪ **b:** coeficiente de reducción de temperatura que guarda relación con el espacio no habitable.

Para obtener el valor de Up se tomará que los valores de las resistencias térmicas $R_{si} = R_{se} = 0,10$. Esto se debe a que el aire que rodea ambas caras del forjado se considerará como interior. Para ello, se utilizará la siguiente tabla que indica los valores de las resistencias térmicas superficiales de las particiones interiores.

Posición de la partición interior	Sentido del flujo de calor	R_{se} (m²K/W)	R_{si} (m²K/W)
Vertical o con pendiente superior a 60° sobre la horizontal		0,13	0,13
Horizontal o pendiente inferior a 60°		0,10	0,10
Horizontal		0,17	0,17

Para el valor del coeficiente b se considerará que el aislamiento está instalado en el forjado. Así, basándose en el extracto de la ficha III, se considerará un nivel de estanqueidad 3.

Cerramiento contacto terreno		Suelos	
U_{rm} [4]	U_{min} [5]	$U_{\Sigma m}$ [4]	$U_{\Sigma m}$ [5]
	≤		≤

Extracto de la ficha III

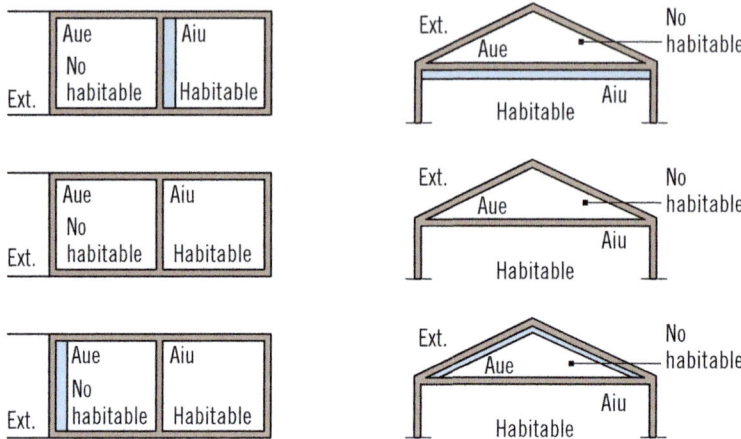

Tipos de espacios habitables en contacto con no habitables. El subíndice ue hace referencia al cerramiento entre el espacio no habitable y el exterior. El subíndice iu hace referencia a la partición interior entre el espacio habitable y el espacio no habitable.

Nota

Un nivel de estanqueidad 3 comprende un espacio ligeramente ventilado.

Actividades

13. ¿Qué significa "cubierta a dos aguas"?

Según el nivel de estanqueidad podrán definirse dos tipos de casos que serán de gran utilidad para conocer el valor del coeficiente b:

▪ **Caso 1:** espacios ventilados ligeramente. Característicos de un nivel de estanqueidad 1, 2 o 3.

Caso 2: espacios muy ventilados. Característicos de niveles de estanqueidad 4 o 5.

Aiu/Aue	No aislado (ue)/ Aislado (iu)		No aislado (ue)/ No aislado (iu)		Aislado (ue)/ No aislado (iu)	
	Caso1	Caso 2	Caso 1	Caso 2	Caso 1	Caso 2
<0,25	0,99	1,00	0,94	0,97	0,91	0,96
0,25≤0,50	0,97	0,99	0,85	0,92	0,77	0,90
0,50≤0,75	0,96	0,98	0,77	0,87	0,67	0,84
0,75≤1,00	0,94	0,97	0,70	0,83	0,59	0,79
1,00≤1,25	0,92	0,96	0,65	0,79	0,53	0,74
1,25≤2,00	0,89	0,95	0,56	0,73	0,44	0,67
2,00≤2,50	0,86	0,93	0,48	0,66	0,36	0,59
2,50≤3,00	0,83	0,91	0,43	0,61	0,32	0,54
>3,00	0,81	0,90	0,39	0,57	0,28	0,50

Este nivel de estanqueidad seleccionado llevará asociado un valor de la tasa de renovación de aire entre los espacios no habitables y el exterior, tal y como se define a continuación:

- **Nivel 1:** sin puertas, ventanas o aberturas de ventilación. 0 h^{-1}.
- **Nivel 2:** componentes sellados, sin aberturas de ventilación. 0,5 h^{-1}.
- **Nivel 3:** con componentes bien sellados y aberturas de ventilación permanentes. 1 h^{-1}.
- **Nivel 4:** zonas poco estancas, con pocas juntas abiertas o aberturas de ventilación permanentes. 5 h^{-1}.
- **Nivel 5:** zonas poco estancas, con numerosas juntas abiertas o aberturas de ventilación permanentes. 10 h^{-1}.

Actividades

14. Buscar información sobre los elementos que permiten la renovación de aire según los siguientes niveles de estanqueidad:

- Nivel 5.
- Nivel 2.

Para nuestro caso, nivel de estanqueidad 3, pues todos los componentes están bien sellados y con pequeñas aberturas de ventilación = 1 h^{-1} (valor de la tasa de renovación del aire).

Finalmente, tras realizar las consultas en las tablas y los gráficos indicados, se obtendrá un valor de b = 0,59.

Nota

Puede realizarse un método de cálculo más exhaustivo en la norma UNE-EN-ISO 13789:2017.

El siguiente elemento sobre el que se actuará será la fachada. Como dato de partida: consta de una doble hoja y está formada por enfoscados de mortero de cemento de 1,5 cm, fábrica de LP de ½ pie, embarrado de 2 cm, poliuretano proyectado de 3 cm, cámara de aire de 2 cm, tabique de LHS de 5 cm y enlucido de yeso de 1,5 cm.

Tipo	Orientación	Componentes		Contacto	Parámetro a controlar
Fachada principal	Norte	MI	Fachada	Aire exterior	UM1
Fachada posterior	Sur				

Fachada

Para el cálculo de la transmitancia térmica deberán consultarse los datos del proyecto del edificio, donde se indicará el tipo de construcción que se está llevando a cabo.

Esquema de construcción de la fachada

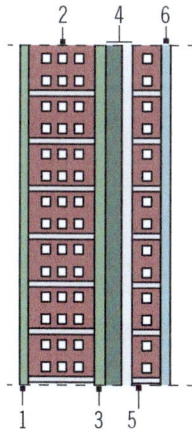

1. Enfoscado de mortero de cemento (e = 1,50 cm).
2. Medio pie de ladrillo perforado (e = 11,5 cm).
3. Embarrado de mortero de cemento (e = 2 cm).
4. Cámara de aire de 5 cm de espesor, con proyectado de poliuretano sobre la hoja exterior (e = 3 cm).
5. Tabique de ladrillo hueco sencillo (e = 5 cm).
6. Enlucido de yeso (e = 1,5 cm).

Para conocer el valor de la transmitancia térmica en este tipo de cerramientos se hará uso de la siguiente expresión matemática que relaciona las distintas resistencias térmicas y ciertas características de los materiales utilizados en la construcción de la fachada:

$$U = \frac{1}{R_{si} + \sum R_1 + R_{se}}$$

Donde:

- **R_{si}:** representa la resistencia térmica superficial del aire interior.
- **R_{se}:** representa la resistencia térmica superficial del aire exterior.
- **R_i:** es la suma de todas las resistencias térmicas de cada capa que forma parte del cerramiento. Este valor es la relación entre el espesor de la capa de material y la conductividad térmica del mismo (e/λ).

Nota: los valores de la conductividad térmica pueden obtenerse de la norma UNE-EN ISO 10 456:2001.

Tras aplicar la expresión matemática anterior se obtendrán los siguientes valores, que permitirán conocer la transmitancia térmica U expresada en W/m^2K.

MATERIAL	λ (W /m K)	e (cm)	R (m²K/W)
Capa de aire exterior			0,040
Enfoscado	1,0	1,50	0,015
Medio pie de LP	0,694	11,50	0,166
Embarrado	1,0	2,00	0,020
Poliuretano proyectado	0,028	3,00	1,071
Cámara de aire		2,00	0,170
Tabique de LH sencillo	0,444	5,00	0,113
Enlucido de yeso	0,570	1,50	0,026
Capa de aire interior			0,130
TRANSMITANCIA TÉRMICA			0,584

Aplicación práctica

Los siguientes datos corresponden a los materiales que forman parte de una cubierta plana transitable. Calcule a partir de ellos el valor de la transmitancia térmica.

MATERIAL	λ (W /m K)	e (cm)	R (m²K/W)
Resistencia térmica del aire interior			0,10
Baldosa cerámica	1,000	0,0200	
Mortero de cemento	0,400	0,0350	
Etileno propileno dieno monómero (EPDM)	0,250	0,0050	
Hormigón con arcilla expandida como árido principal	0,350	0,0600	
XPS expandido con dióxido de carbono CO4	0,042		
FU entrevigado de EPS moldeado enrasado	0,341	0,3000	
Cámara de aire ligeramente ventilada		0,1000	
Placa de yeso o escayola	0,250	0,0200	
Resistencia térmica del aire exterior			0,04

TRANSMITANCIA TÉRMICA			

SOLUCIÓN

Para su resolución se hará uso de la expresión que calcula la resistencia térmica de cada uno de los materiales, $R = e/\lambda$.

MATERIAL	λ (W /m K)	e (cm)	R (m²K/W)
Resistencia térmica del aire interior			0,10
Baldosa cerámica	1,000	0,0200	0,0200
Mortero de cemento	0,400	0,0350	0,0875

Continúa en página siguiente >>

<< Viene de página anterior

MATERIAL	λ (W /m K)	e (cm)	R (m²K/W)
Etileno propileno dieno monómero (EPDM)	0,250	0,0050	0,0200
Hormigón con arcilla expandida como árido principal	0,350	0,0600	0,1714
XPS expandido con dióxido de carbono CO4	0,042	0,0600	1,4280
FU entrevigado de EPS moldeado enrasado	0,341	0,3000	0,8797
Cámara de aire ligeramente ventilada	0,556	0,1000	0,1800
Placa de yeso o escayola	0,250	0,0200	0,0800
Resistencia térmica del aire exterior			0,04

TRANSMITANCIA TÉRMICA	0,3326

Finalmente, se hará uso de la expresión que calcula la transmitancia térmica:

$$U = \frac{1}{R_{si} + \sum R_1 + R_{se}}$$

Los resultados obtenidos se indican a continuación:

U= 1 / (0,10 + 0,0200 + 0,0875 + 0,0200 + 0,1714 + 1,4280 + 0,8797 + 0,1800 + 0,0800 + 0,04) = 1 / 3,0059 = 0,3326.

Transmitancia térmica de los cerramientos en contacto con el terreno

Para el cálculo de la transmitancia del primer metro de muro ubicado bajo el suelo se interpolará el valor de la resistencia térmica del muro.

Esquema de tipos de muro en contacto con el terreno

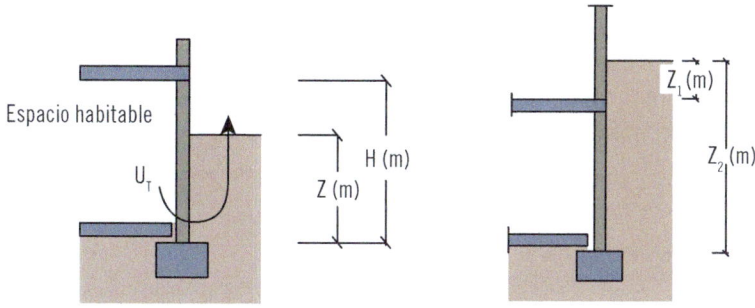

R (m²K/W)	Profundidad de la parte enterrada del muro (m)					
	0,5	1	2	3	4	≥6
0,00	3,05	2,20	1,48	1,15	0,95	0,71
0,50	1,17	0,99	0,77	0,64	0,55	0,44
1,00	0,74	0,65	0,54	0,47	0,42	0,34
1,50	0,54	0,49	0,42	0,37	0,34	0,28
2,00	0,42	0,39	0,35	0,31	0,28	0,24

Donde:

- U_T: representa la transmitancia térmica de los cerramientos en contacto con el terreno
- **H (m):** representa la altura del espacio habitable
- **Z (m):** representa la altura comprendida entre la línea del suelo y la parte enterreda del edificio.Así, Z_1 representa la distancia entre el suelo y el forjado de planta primera y Z_2 la distancia entre el suelo y el forjado de la planta baja.

De este modo, haciendo uso de la siguiente tabla, se obtendrá la transmitancia térmica en muros enterrados:

$$T1= 0,526 \ U \ (W / m^2K)$$

Transmitancia térmica de las particiones interiores en contacto con espacios no habitables

Se calculará durante este apartado la transmitancia térmica en la partición del sótano. Para su cálculo se estudiará, por una parte, el tabique existente entre gimnasio y garaje (M2) y, por otra, el forjado sobre el garaje (S2).

Se considerará un nivel de estanqueidad 4.

Recuerde

Un nivel 4 de estanqueidad corresponde a un recinto poco estanco debido a juntas abiertas o bien a la presencia de aberturas permanentes de ventilación (puerta de garaje).

Para ambos casos se actuará de igual modo que para el cálculo de la cubierta, es decir, se tomarán como particiones interiores en contacto con espacios no habitables. Se tomarán los valores oportunos para las resistencias térmicas superficiales en particiones interiores, los coeficientes de reducción de temperatura y la tasa de renovación de aire. Se obtiene finalmente:

$$M2 = 0,66\ U\ (W / m^2K)$$

$$S2 = 0,41\ U\ (W / m^2K)$$

Seguidamente, para el forjado sobre el garaje, se tratará de igual modo que una partición interior que está en contacto con un espacio no habitable y que se encuentra a su vez en contacto con el exterior.

Transmitancia térmica de los cerramientos en contacto con otros edificios (medianera)

Para conocer su transmitancia térmica se tratará como un cerramiento en contacto con el aire exterior con la salvedad de considerar las resistencias superficiales de las dos caras como interiores.

MATERIAL	λ (W /m K)	e (cm)	R (m²K/W)
Capa de aire interior			0,130
Enlucido de yeso	0,570	1,50	0,026
Medio pie de LP	0,694	11,50	0,166
Poliuretano proyectado	0,028	3,00	1,071
Cámara de aire		2,00	0,170
Medio pie de LP	0,694	11,50	0,166
Enlucido de yeso	0,570	1,50	0,026
Capa de aire interior			0,130
TRANSMITANCIA TÉRMICA			0,530

Transmitancia térmica de los huecos

Como dato previo, las características de las ventanas serán de material metálico, con marcos de 8 cm de ancho y con rotura de puente térmico, con acristalamiento de doble cámara de aire y persianas incluidas. En lo referente a las puertas, estas serán ciegas de madera para el acceso de personas y metálicas para las entradas al garaje y al gimnasio.

Tipo	Orientación	Componentes		Contacto	Parámetro a controlar
Acristalados	Norte	H1	Carpintería metálica	Aire exterior	$U_{H,m}$, $U_{H,v}$ $U_{Hy}F_H$
	Sur				
Puerta acceso	Norte	H2	Madera	Aire exterior	U_H
Puerta gimnasio	Sur	H3	Metálica	Espacio no habitable	U_H

Ventanas y puertas acristaladas

Tal y como se indica en la tabla anterior, se buscarán conocer los valores de la transmitancia térmica y el factor solar modificado. Para el desarrollo de los cálculos se escogerá la ventana del aseo de la planta baja.

Nota

Se ha escogido esta ventana porque presenta el mayor valor del FM de todas las de la vivienda.

Se comenzará buscando el valor de la transmitancia térmica, y para ello se hará uso de la expresión:

$$U_H = (1 - FM)\, U_{H,V} + FMU_{H,m}$$

Donde:

- U_H: representa la transmitancia térmica de la parte semitransparente del vidrio (valor tabulado en las propiedades higrotérmicas).

■ $U_{H,V}$: representa la transmitancia térmica del marco de la ventana (valor tabulado en las propiedades hidrotérmicas).

■ **FM**: representa la fracción del hueco ocupada por el marco. Para nuestro ejemplo:

$$FM = A_{marco} / A_{hueco} = 0,20 / 0,60 = 0,34$$

$$U_H = (1 - FM) U_{H,V} + FMU_{H,m} = (1 - 0,34) 3,30 + 0,34 \cdot 4,00 = 3,538 \text{ W/ m}^2 \text{ K}$$

Para poder simplificar estos cálculos, se aplicará este valor para todos los huecos de la vivienda, ya que al ser $U_H > U_{H,V}$ se estará asegurando que se cumplan las condiciones necesarias. En el supuesto caso de que esta situación fuera a la inversa, se deberá escoger un hueco con una menor relación marco/hueco.

A continuación, se buscará el valor del factor solar, y para ello se hará uso de la expresión:

$$F = F_S ((1 - FM) g\dagger + FM \, 0,04 \, U_{H,m} \, \alpha)$$

Donde:

■ **Fs**: representa el factor de sombra del hueco = 1 (tendrá otro valor cuando se justifique).

■ **g†**: representa el factor solar de la parte semitransparente del hueco (indicado en las tablas de las propiedades higrotérmicas).

■ **UH,V**: representa la transmitancia térmica del marco de la ventana (valor tabulado en las propiedades hidrotérmicas).

■ **α**: representa la absortividad del marco.

$$F = 1 \cdot ((1 - 0,34) \cdot 0,75 + FM\ 0,04 \cdot 4,00 \cdot 3,00) = 0,511$$

Puertas opacas (destinadas al acceso a la vivienda y al gimnasio)

Se procederá a su cálculo como si se tratara de un cerramiento en contacto con el aire exterior.

Se deberá hacer uso de los datos del proyecto. A modo de ejemplo se tomará para el acceso a la vivienda una puerta de madera maciza de 3 y 4 cm de espesor y un $\lambda = 0,20$ W/mK.

Para la puerta del gimnasio se tomarán dos planchas de acero de 2 mm de espesor y una cámara de aire de 3 cm. En este caso, se deberá considerar que se trata de un cerramiento en contacto con un espacio no habitable.

6.3. Limitación de la demanda energética

Para poder llevar a cabo el proceso de verificación de la limitación de la demanda energética será necesario comprobar:

- Las zonas de baja carga interna.
- Las zonas de alta carga interna.

Recuerde

Para el ejemplo que se está desarrollando únicamente hay zonas de baja carga interna.

Verificación de la transmitancia térmica de componentes

A continuación se procederá a verificar que los valores de las transmitancias térmicas de los componentes anteriormente calculados no sobrepasen los valores establecidos como límites en normativa.

Como valores límite se tomarán aquellos que corresponden a la zona climática en la que se establece el edificio, en este caso la zona B.

PARTICIONES INTERIORES Y CERRAMIENTOS	VALOR U (W/m^2K)	
Muros de fachada	0,584	1,07
Muro en contacto con el terreno y primer metro del perímetro de suelos apoyados sobre el terreno		
Muro del sótano en contacto con el terreno	0,526	1,07
Forjado planta baja	1,01	
Particiones interiores que están en contacto con los espacios no habitables	0,660	1,07
Suelos		
Forjado planta sótano	0,62	
Forjado planta primera	0,41	0,68
Forjado planta segunda	0,58	
Cubiertas		
Cubierta sobre el edificio, C1	0,385	0,59
Cubierta de planta primera, C2	0,54	
Vidrios de huecos y lucernarios		5,70
Marcos de huecos y lucernarios		5,70
Medianeras (muros entre edificios)		1,07

Cálculo y comprobación de parámetros característicos medios

Tras conocer los valores de los parámetros característicos medios, habrá que saber si estos son inferiores a los considerados como valores límite. Para ello se deberá hacer uso de los datos proporcionados por el Documento Básico sobre el Ahorro Energético HE1, incluido en el Código Técnico de la Edificación. Así, en la tabla 2.1 de este documento básico se obtienen para la zona climática B4 los siguientes valores:

PARÁMETRO CARACTERÍSTICO MEDIO	VALOR
Transmitancia límite de muros de fachada y cerramientos en contacto con el terreno	$U_{Mlim} = 0,82 \ W/m^2K$
Transmitancia límite de suelos	$U_{Slim} = 0,52 \ W/m^2K$
Transmitancia límite de cubiertas	$U_{Clim} = 0,45 \ W/m^2K$
Factor solar modificado límite de huecos	
Orientación Norte (21/30% huecos)	$U_{Hlim} = 3,3 \ W/m^2K$
Orientación Sur (21/30% huecos)	$U_{Hlim} = 5,7 \ W/m^2K$
Factor solar modificado límite de huecos	
Orientación Norte	-
Orientación Sur (21/30% huecos)	-

 Importante

El cálculo del factor solar modificado límite de huecos no será necesario puesto que para las condiciones del edificio sobre el que se está trabajando no existen valores límite.

Una vez conocidos los valores límite, se procederá a realizar una comparación con los datos que se han obtenido en el desarrollo de nuestros cálculos. Así, puede describirse para cada uno de los parámetros:

MUROS	Parámetro	Proyectado	Máximo
Orientación Norte	U_{Mm}	0,56	
Orientación Sur	U_{Mm}	0,60	0,82
Orientación Este	U_{Mm}	0,58	
Contacto con el terreno	U_{Mm}	0,39	
SUELOS	**Parámetro**	**Proyectado**	**Máximo**
Sin orientación	U_{Sm}	0,53	0,52
HUECOS	**Parámetro**	**Proyectado**	**Máximo**
Orientación Norte	U_{Hm}	3,35	3,30
	F_{Hm}	-	-
Orientación Sur	U_{Hm}	3,10	5,70
	F_{Hm}	-	-
CUBIERTAS	**Parámetro**	**Proyectado**	**Máximo**
Sin orientación	U_{Cm}	0,40	0,45

Como puede observarse en los valores indicados, se cumplen todos los requisitos de valores máximos salvo en dos parámetros. Se tendrán que mejorar por tanto ambos casos:

- **Aislamiento del suelo:** una medida sería mejorar el aislamiento aumentándolo de grosor.
- **Huecos en la fachada norte:** como posible solución se podría optar por cambiar el tipo de vidrio que se va a instalar.

Cálculo y comprobación de la limitación de condensación

En este apartado se desarrollará la comprobación de la segunda exigencia para la realización de la opción simplificada. Se buscará conocer los valores de las condensaciones, que podrán ser superficiales e intersticiales.

Actividades

15. Describir en qué consisten las condensaciones superficiales y las intersticiales.

Para verificar el cumplimiento de las condensaciones superficiales hay que fijarse primeramente en los cerramientos del edificio. Aquí, al cumplirse los valores máximos de la transmitancia térmica de cerramientos para nuestra zona climática, se asegura el cumplimiento de la limitación de condensados.

Recuerde

Para comprobar las condensaciones superficiales deberán examinarse los cerramientos y los puentes térmicos.

El segundo factor que deberá controlarse será el puente térmico. Este factor deberá calcularse para cada uno de los cerramientos así como para cada encuentro entre los distintos cerramientos. Para su cálculo, deberá hacerse uso de la siguiente expresión matemática:

$$f_{Rsi} = 1 - U \cdot 0,25$$

Donde:

- **U:** representa la transmitancia de los cerramientos.
- **f_{Rsi}:** representa el factor de temperatura de la superficie interior.

Para verificar su cumplimiento se deberá comprobar que su valor es inferior al indicado en la siguiente tabla:

Clase higrométrica	Zona A	Zona B	Zona C	Zona D	Zona E
3 o inferior	0,50	0,52	0,56	0,61	0,64
4	0,66	0,66	0,69	0,75	0,78
5	0,80	0,80	0,80	0,90	0,90

Para nuestro caso, al tener una higrometría 3 y una zona climática B, deberá cumplirse que $f_{RSi} \geq 0,52$.

Para el cálculo de los puentes térmicos originados en los encuentros entre cerramientos se seguirá el procedimiento detallado que se indica en las normas UNE-EN-ISO 10211:2017 y UNE-EN ISO 10211:2022.

Por tanto, tras despejarse la ecuación anterior, puede extraerse que el valor de la transmitancia deberá ser $U \leq 1,92$.

Y tal y como se indicó anteriormente en el cálculo de los parámetros característicos en la envolvente térmica, $U_{PF} = 0,50$ W/m^2 K. Por tanto, puede verificarse que se cumple el requisito de los puentes térmicos.

Por otra parte, para verificarse la limitación de las condensaciones intersticiales se deberá realizar sobre los cerramientos, a excepción de:

- Aquellos que estén en contacto con el terreno.
- Aquellos que dispongan de algún tipo de dispositivo contra el paso del vapor de agua.

 **Recuerde**

Para realizar el cálculo de esta clase de limitación se deberá hacer uso de algún programa informático.

Cálculo y comprobación de la permeabilidad al aire y lucernaria

Para finalizar y comprobar que puede llevarse a cabo la opción simplificada, hay que realizar la tercera exigencia básica.

En esta ocasión, se calculará la permeabilidad al aire de las carpinterías instaladas en los huecos de la fachada.

 Nota

Las puertas no se considerarán en este cálculo, ya que no constan de marcos en todos los extremos.

 Actividades

16. Describir las tres exigencias básicas que debe cumplir un proyecto de edificación para poder desarrollarse la opción simplificada.

Si nos remitimos al apartado Permeabilidad al Aire, puede obtenerse que para cada zona climática existe un valor límite. Aplicado a nuestro caso, se necesitará una carpintería de clase I:

- **Zona climática B:** permeabilidad <50 m^3/h m^2.
- **Tipo de carpintería:** clase I.

7. Resumen

Habiendo definido el porqué de la necesidad de un reglamento que regule el consumo energético, no se puede pasar por alto el proceso inicial de diseño de un edifico como paso primero para llegar a una limitación energética adecuada. Para ello se ha podido comprobar la importancia de estudiar la documentación arquitectónica de cada uno de los elementos que conforman la construcción de un edificio antes de realizar su construcción.

Tras definirse las dos opciones, general y simplificada, mediante las cuales puede certificarse la limitación energética del edificio, se han detallado los conceptos que influirán en su cálculo:

- El clima de la zona en la que se ubica el edificio de estudio, haciéndose uso para ello de datos tabulados o métodos matemáticos que han llevado a determinar la zona climática.
- La determinación de la carga interna baja o alta, en función de la previsión de volumen de personas que vayan a utilizar las instalaciones del edificio.
- La determinación de los cerramientos del edificio.
- El concepto de la transmitancia, que ayudará a determinar la existencia de descompensaciones en lo referente a la calidad térmica.
- La determinación de la envolvente térmica del edificio que agrupará a diversos parámetros característicos.

Ejercicios de repaso y autoevaluación

1. La formación de condensados sobre la superficie de los cerramientos y las particiones interiores reciben el nombre de...

    a. ... superficiales.
    b. ... intersticiales.
    c. ... subperficiales.
    d. Las opciones a y b dependiendo de la zona climática.

2. ¿Cómo se realizaría la determinación de una zona climática si no se dispusiera de valores tabulados?

    _____
    _____
    _____
    _____

3. Indique si la siguiente afirmación es verdadera o falsa.

    a. El aislamiento será mejor a menor valor de la transmitancia térmica (U).

        ☐ Verdadero
        ☐ Falso

4. Para realizar la clasificación de una zona climática se utilizarán...

    a. ... datos tabulados.
    b. ... datos contrastados.
    c. ... datos de fabricantes de elementos de climatización.
    d. Las opciones a y b según necesidades.

5. Indique en qué se diferencian una zona de baja carga térmica y una zona de alta carga térmica.

_____
_____
_____
_____

6. Para poder aplicar la opción simplificada se deberá cumplir que...

    a. ... la superficie de los huecos sea inferior al 60 %.
    b. ... la superficie de los huecos sea superior al 60 %.
    c. ... la superficie de lucernarios sea superior al 5 %.
    d. Las opciones a y c son correctas.

7. ¿Qué es el concepto de severidad climática de invierno?

_____
_____
_____
_____

8. El elemento de construcción de fachada que limita con otros elementos ya construidos es:

    a. La partición exterior.
    b. La fachada exterior.
    c. Las medianeras.
    d. Los colindantes.

9. Relacione los siguientes edificios con su clase de higrometría.

    ▌ Clase 4.
    ▌ Clase 5.

    a. Pista cubierta de pabellón deportivo.
    b. Lavandería.
    c. Ducha colectiva.

d. Restaurante.
e. Sauna.

10. **Indique cuál es la principal causa de la formación de moho sobre la superficie de los cerramientos y las particiones interiores.**

_____
_____
_____
_____

11. **Los edificios que están exentos de cumplir con la normativa en lo referente a la limitación energética son:**

   a. Los edificios no destinados a usos religiosos.
   b. Aquellos que por su uso deban permanecer abiertos.
   c. Los edificios con una previsión de uso menor de 5 años.
   d. Los edificios aislados que posean una superficie útil superior a 50 m².

12. **Defina el concepto de transmitancia térmica.**

_____
_____

13. **Complete la siguiente oración.**

Para _____ el uso de la eficiencia energética en los _____, la Directiva Europea _____exige a los Estados miembros realizar un control sobre las necesidades _____ a los edificios que pudieran ser _____ o _____, de modo que se reduzca su consumo _____ y se contribuya al uso de las energías renovables.

14. ¿Qué significado tienen las siglas CTE-DB_HE?

_____
_____
_____
_____

15. Indique en qué se diferencian una zona habitable y una zona no habitable.

_____
_____
_____
_____

Capítulo 2

Certificación energética de los edificios

Contenido

1. Introducción

Tras la aprobación del Real Decreto 235/2013, ya derogado por el Real Decreto 390/2021, se obligó a los propietarios de edificios a disponer de una certificado energético para inmuebles o viviendas que vayan a ser alquilados o vendidos, y que se identifica con una etiqueta de eficiencia energética.

Esta certificación vendrá indicada por una letra que irá desde la A (la mejor calificación y por tanto un menor consumo energético) hasta la G (la peor calificación).

Además de la calificación energética del edificio, el citado certificado incluirá información de cómo mejorar su clase de eficiencia. De este modo, se podrá valorar el consumo energético del edificio frente a la inversión en mejoras energéticas en el mismo. Para ello se tendrán en consideración diversos indicadores característicos como son la envolvente térmica, los aislamientos, las instalaciones de agua caliente sanitaria, la calefacción, la refrigeración y la iluminación.

2. Concepto de calificación de eficiencia energética

El Real Decreto 390/2021 de de 1 de junio, por el que se aprueba el procedimiento básico para la certificación de la eficiencia energética de los edificios que deroga al Real Decreto 235/201 de 5 de abril, por el que se aprueba el procedimiento básico para la certificación de la eficiencia energética de los edificios, regula la certificación energética tanto de edificios nuevos como existentes mediante una etiqueta energética. Mediante este procedimiento, los edificios podrán ser clasificados por una escala energética como un edificio más eficiente (letra A) a un edificio menos eficiente (letra G).

El procedimiento para realizar la calificación de eficiencia energética requiere tres conceptos previos que deberán ser desarrollados en profundidad:

- Los indicadores energéticos serán utilizados para la comparación de las edificaciones.
- La similitud entre los distintos edificios que se comparen.
- La escala de calificación que indicará los términos en los que se comparan los edificios.

2.1. Indicadores energéticos

Se establecerá un indicador energético principal calculado a partir de las emisiones anuales de CO_2 y la energía primaria anual. Estos valores se obtendrán del consumo energético del edificio en condiciones normales para satisfacer sus necesidades básicas de funcionamiento.

 Nota

La emisión de CO_2 vendrá expresada en kg/m^2 y la energía primaria en kWh/m^2, ambas de superficie útil del edificio.

Se indican además los llamados **indicadores complementarios,** que ofrecerán una idea de un correcto o mal funcionamiento de las instalaciones del edificio. Estos pueden encuadrarse como:

- Emisiones de CO_2 producidas por las instalaciones principales del edificio que está en estudio.
- Consumo de energía de las instalaciones principales del edificio.

Los valores de estos indicadores energéticos podrán obtenerse mediante un procedimiento de referencia o bien mediante algún procedimiento alternativo, ambos descritos en el Real Decreto 390/2021 y tratados en mayor profundidad en siguientes apartados de este capítulo.

2.2. Grado de similitud

Para conocer la calificación energética de un edificio será necesario llevar a cabo una comparación del comportamiento del mismo con otros edificios de idénticas características. No obstante, será necesario establecer las condiciones oportunas que definan el grado de similitud de ambos edificios.

 **Nota**

El proyectista no incluirá en la comparación elementos constructivos que no pueda controlar.

Se garantizará que ambos edificios cumplen con un adecuado grado de similitud siempre y cuando se cumplan algunas de las distintas opciones indicadas en la siguiente tabla:

DIFERENTES OPCIONES COMPARABLES
Edificios construidos en el mismo periodo
Edificios ubicados en la misma zona climática
Edificios destinados al mismo uso
Edificios destinados al mismo uso y con idéntica capacidad
Edificios destinados al mismo uso y con idéntica forma y dimensiones
Edificios destinados al mismo uso, con idéntica forma, dimensiones, orientación y relación vidrio/muro
Edificios destinados al mismo uso, con idéntica forma, dimensiones, orientación, relación vidrio/muro y semejantes sistemas de climatización y agua caliente sanitaria

 **Importante**

En todos los casos, un edificio se comparará con otros ya existentes que se ubiquen en la misma zona climática.

Edificios destinados a vivienda

En referencia a la comparación de edificios destinados a su uso como vivienda existe la posibilidad de que la comparativa pueda ser errónea dentro de una misma zona climática.

Un ejemplo de ello sería la comparación entre viviendas unifamiliares y bloques de viviendas, donde las viviendas en bloques serían siempre muy eficientes en comparación con las primeras. En esta situación, los bloques de viviendas residenciales alcanzarían con mucha facilidad las mejores clases en lo referente a calificación energética.

Para poner solución a este posible conflicto en lo referente a la calificación de eficiencia energética en la edificación se opta por realizar una subdivisión de los edificios destinados a vivienda en:

- Viviendas unifamiliares.
- Bloques de viviendas.

Actividades

1. Buscar información sobre el significado de la expresión "energía primaria".
2. Reflexionar sobre las siguientes cuestiones:

   ▪ ¿Qué quiere decir "edificios construidos en el mismo periodo"?
   ▪ ¿Por qué se establece la diferencia entre viviendas unifamiliares y edificios de vivienda?

Edificios no residenciales

En lo referente a edificios no residenciales, no se han considerado condiciones suficientemente justificativas que permitan una subdivisión. Debido a que no existen edificios con procesos constructivos similares, se ha optado por que el único edificio de características similares para su comparación sea un edificio virtual (denominado **edificio de referencia**).

Ejemplo

Si se consideran dos pabellones deportivos, se podrá comprobar que no existirá suficiente parecido entre ambas construcciones y por tanto no será posible una comparación en términos de eficiencia energética.

Sus características pueden definirse, en comparación con el edificio que es objeto de estudio, como:

- Idéntica forma, tamaño y orientación.
- Deberá tener similares usos interiores e idéntica zonificación interior.
- Poseerá los mismos obstáculos constructivos.

- La demanda de agua caliente sanitaria será la misma en ambos edificios. El agua caliente sanitaria es aquella destinada a consumo humano que previamente ha sido calentada. Es utilizada para usos sanitarios y de limpieza.
- La calidad constructiva para la fachada, el suelo y la cubierta deberá cumplir con los requisitos indicados en la opción simplificada para la limitación de la demanda energética.
- Deberá poseer la contribución solar mínima de agua caliente que se indica en la sección Ahorro energético 4, indicada en el Código Técnico de la Edificación.
- Deberá poseer una iluminación que cumpla con los requisitos mínimos de eficiencia energética que se indican en la sección de Ahorro Energético 2.
- Se deberá conocer el valor del rendimiento en cada una de las instalaciones para cada estación climática.
- Si fuera necesario, se indicará la contribución solar fotovoltaica mínima de energía eléctrica.

2.3. Protocolo para establecer la escala de calificación

Tal y como se ha comentado, para llevar a cabo la calificación energética se otorga una letra que va desde la A hasta la G en función de si un edificio resulta más o menos eficiente. Para conocer a qué características de los edificios les corresponde cada letra, se deberá seguir el siguiente protocolo:

- Esta escala debe servir para diferenciar a simple vista los edificios más eficientes de los menos eficientes.
- Su estructura y características deberán ser continuas durante un largo periodo de tiempo. Se estima que al menos deberá durar dos revisiones de la reglamentación.
- Podrán mejorarse las características de los edificios, permitiendo el salto a letras que indiquen una mejor calificación energética.
- Esta escala será idéntica tanto para el cálculo de la calificación por procedimientos de referencia como para los procedimientos alternativos.
- Se deberá garantizar que para todas las zonas climáticas se pueda obtener un certificado de letra A.

Una calificación de clase A indicará que el edificio cumple con un diseño adecuado, que hace un uso importante de las energías renovables.

- Hay que recordar que la principal utilidad de la escala de clasificación es cumplir con los requisitos energéticos.
- La escala tendrá validez tanto para los edificios de nueva construcción como para aquellos ya edificados y en uso.

Nota

Del mismo modo que existen automóviles de baja, media y alta gama, debe existir una clasificación de edificios.

Aplicación práctica

Como técnico evaluador de la eficiencia energética de los edificios, un cliente le pregunta: "¿Para qué sirve un certificado energético?". ¿Cómo debería responderle?

SOLUCIÓN

Debería indicarle que un certificado energético sirve para informar a futuros inquilinos o compradores de un inmueble sobre el comportamiento energético del mismo.

Además:

- La vivienda que posea mejor calificación energética se diferenciará del resto, será más atractiva para el cliente.
- La vivienda con mejor calificación indicará que necesita menos gasto para un mejor confort.
- La vivienda supondrá un mayor ingreso al estar más solicitada.

Actividades

3. Buscar información sobre la etiqueta de eficiencia energética de algún tipo de electrodoméstico.
4. ¿Qué significan las escalas con diferente color que se observan?
5. Describir en qué consiste la expresión "hacer un uso importante de las energías renovables".
6. ¿Valdría de algo si todos los vehículos tuvieran las mismas prestaciones? Reflexionar la respuesta.
7. Realizar un mapa conceptual del procedimiento que se lleva a cabo para la obtención de la calificación energética de un edificio.

3. Opciones para la obtención de la calificación energética

El procedimiento para obtener la calificación energética de un edificio se realizará de acuerdo a un procedimiento de cálculo numérico. Para ello, se podrá optar por una opción general que aplica un programa informático o bien otra opción simplificada de carácter prescriptiva.

Definición

Documento técnico
Documento reconocido para poder realizarse la certificación energética. Sin ser de carácter reglamentario, cuenta con el reconocimiento del Ministerio de Industria y Turismo.

Nota

Esta opción será obligatoria para edificios destinados a usos distintos a los residenciales.

3.1. Opción general (prestacional)

Esta primera opción, de carácter prestacional, se llevará a cabo a través de un programa informático. Podrá ser aplicada en aquellos edificios de viviendas que pretendan adquirir una calificación superior a la clase D.

Dentro de esta opción podrán utilizarse dos procedimientos:

- Aplicar el programa informático LIDER- CALENER, cuya aplicación será suficiente para acreditar la correspondiente calificación energética. Este programa es de libre acceso.
- Utilizar diversos programas alternativos reconocidos e inscritos en el registro del Ministerio de Industria y Turismo.

Sabía que...

La energía que se consume en el sector residencial en España es del 30 % sobre el total. Las emisiones directas generadas por la combustión de combustibles fósiles en el sector residencial suponen aproximadamente un 8 % del total de las emisiones del inventario de gases de efecto invernadero de España.

3.2. Opción simplificada (prescriptiva)

Este tipo de opción, de carácter prescriptivo, se desarrollará mediante un procedimiento matemático de una manera indirecta y permitirá obtener clases de eficiencia energética D o E.

Los edificios que se sometan a esta opción deberán cumplir un par de requisitos:

- Cumplir las características indicadas en la sección de Ahorro Energético HE-2 en referencia al rendimiento de las instalaciones térmicas.
- Cumplir los porcentajes indicados en la Sección de Ahorro Energético HE-4 en referencia a la contribución solar mínima de agua caliente.

Para la aplicación de esta opción se deberá aplicar un conjunto de soluciones técnicas que se definirán más adelante y que serán coherentes, tal y como se indica en la siguiente tabla:

REQUERIMIENTOS MÍNIMOS	OPCIÓN SIMPLIFICADA
Demanda de las instalaciones de calefacción y refrigeración	Cumplimiento de la opción simplificada del CTE-HE1
Rendimiento de instalaciones térmicas	Cumplimiento de los requisitos del CTE-HE2
Contribución solar mínima de ACS	Cumplimiento de los requisitos del CTE-HE4
Clase de la calificación energética	Asignación directa D o E

4. Tipos de certificación energética

Tanto para los procedimientos de certificación de los edificios de nueva construcción como de los ya existentes, se deberá hacer uso de documentos técnicos reconocidos que, además, deberán estar inscritos en el Registro General.

Estos documentos técnicos incluirán, al menos, algunos de los siguientes contenidos:

- Comentarios o aclaraciones en relación al procedimiento para aplicar la certificación de eficiencia energética.
- Obtención de la calificación de eficiencia energética mediante el uso de programas informáticos.
- Cualquier material que tenga como misión facilitar la aplicación de la certificación de eficiencia energética.
  Nota: no se incluirán aquellos procedimientos que lleven asociados una patente o un proceso en particular.

4.1. Registro de documentos reconocidos

Tras la publicación del Real Decreto 390/2021 se establece el registro general de documentos reconocidos para la certificación de eficiencia energética. Esta documentación fue creada por el anterior Ministerio de Industria y Turismo tendrá un carácter público e informativo.

Se incluyen en este registro los siguientes documentos:

- Procedimiento general para la obtención de la certificación energética de edificios ya terminados o en fase de proyecto. Para ello se hará uso del programa informático LIDER-CALENER, que permitirá obtener la certificación del edificio.
  Nota: este programa, estructurado en dos aplicaciones informáticas, ha sido creado por el Ministerio de Industria y Turismo.

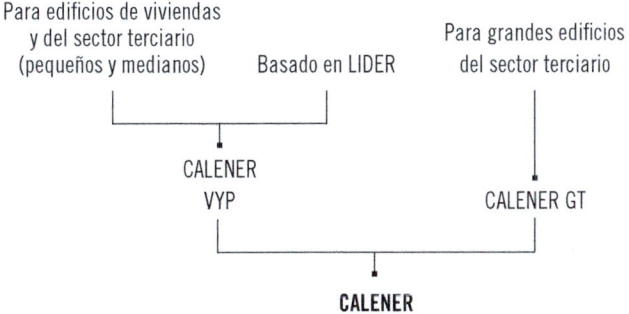

- Obtención de la certificación energética en edificios ya existentes mediante procedimientos simplificados. Se hará uso en esta ocasión de los programas informáticos CE3 y CE3X.
- Obtención de la calificación de eficiencia energética en edificios de viviendas mediante procedimientos simplificados. Se utilizará la herramienta informática conocida como CERMA.
- Obtención de la calificación de eficiencia energética en edificios de viviendas mediante procedimientos simplificados de carácter prescriptivo. Se utilizará en esta ocasión un desarrollo matemático reconocido por el Ministerio de Industria, Energía y Turismo y el Ministerio de Fomento.
- Protocolos de utilización y normativa. Hace referencia a todos los documentos que, tras ser reconocidos por los correspondientes ministerios, indican los procesos a seguir para determinar las condiciones de aceptación de procedimientos alternativos y los modelos establecidos en la metodología de cálculo de la calificación de la eficiencia energética.
- Diversos programas o documentos no incluidos anteriormente. Incluirán estos documentos reconocidos toda aquella información o programa informático que permite ayudar a obtener el correspondiente certificado energético de edificios.

Actividades

8. Acceder a la página web del Ministerio de Industria y Turismo (http://www.mintur.gob.es) e identificar los distintos documentos técnicos reconocidos.
9. ¿Qué nivel de información proporciona esta web en referencia a la calificación energética de los edificios?

4.2. Certificación energética de un edificio

El propietario o promotor del edificio, o de parte de este, será el responsable de realizar la certificación energética del mismo. Además, será el encargado de custodiar en buenas condiciones la documentación para la certificación.

Podrá darse la situación de que la certificación sea única para todo el edificio. Esto sucederá tomando un grupo de viviendas o locales comerciales que sean representativos del edificio y que posean las mismas características energéticas.

 Nota

En el caso de que el local tenga un uso industrial, no será obligatorio que disponga de la certificación energética.

 Recuerde

La certificación energética de un edificio únicamente dará información sobre la eficiencia energética del mismo y en ningún caso supondrá el cumplimiento de cualquier otro requisito.

Tal y como se indica Real Decreto 390/2021, la certificación energética de un edificio existente deberá ser llevada a cabo por un técnico competente en la materia y elegido por el propietario del edificio o vivienda.

En referencia a edificios de nueva construcción, la certificación de la eficiencia energética se llevará a cabo en varias etapas:

- En primer lugar, se deberá obtener la certificación de eficiencia energética del proyecto.
- En segundo lugar, se deberá poseer la certificación energética del edificio terminado.

4.3. Certificado de eficiencia energética del proyecto

En términos técnicos, esta certificación verifica la adecuación de la calificación de eficiencia energética que ha obtenido el proyecto de ejecución (este certificado quedará ya incluido en el proyecto de ejecución).

Para ello, el proyectista deberá incluir la documentación pertinente y necesaria para el proceso de certificación, donde se adjuntarán las características energéticas y la calificación de eficiencia energética del proyecto de ejecución.

4.4. Certificado de eficiencia energética del edificio terminado

Este certificado se define como la documentación que, facilitada por la dirección facultativa, verifica la adecuación de las características energéticas del edificio y la obtenida por el proyecto de ejecución tras la finalización del edificio. Tras este procedimiento, se procede a la expedición del certificado de eficiencia energética del edificio terminado.

Este certificado del edificio ya terminado vendrá a indicar que la ejecución del mismo se ha realizado conforme a lo establecido en el proyecto de ejecución y que, por tanto, alcanza la calificación indicada en el certificado de eficiencia energética del proyecto.

Nota

Si tras la ejecución del edificio no se alcanza la calificación prevista, se deberá modificar el certificado de eficiencia energética del proyecto.

El citado certificado deberá incluir al menos los siguientes datos:

- Documentación identificativa del edificio.
- Especificación de la normativa energética que es de aplicación en el momento de la construcción.
- Indicación de la opción elegida, bien sea general o simplificada, así como la herramienta informática utilizada para obtener la calificación energética del edificio.
- Descripción de las características energéticas del edificio. Se incluirán datos como la envolvente térmica, las condiciones normales de funcionamiento, el tipo de instalaciones, el nivel de ocupación y demás datos necesarios para la obtención de la certificación energética.
- La correspondiente etiqueta energética con su calificación indicada.
- Indicación de los procesos y las inspecciones llevadas a cabo durante la ejecución del edificio para verificar la información contenida en el certificado de eficiencia energética.

Recuerde

Será responsabilidad de cada comunidad autónoma establecer un registro de los certificados energéticos.

Actividades

10. Tras sustituir las viejas ventanas de una casa, que se tiene en alquiler, por otras de un doble acristalamiento que mejora las condiciones de aislamiento, ¿se debería actualizar el certificado de eficiencia energética?
11. ¿Se podría seguir alquilando la vivienda?

En todos los casos anteriores, los certificados deberán estar a disposición de las autoridades en materia de eficiencia energética o de edificación. Para ello, dicha documentación deberá estar en posesión del propietario, el presidente de la comunidad o incluida en el libro del edificio.

El procedimiento a seguir para la obtención del certificado energético se puede resumir en el siguiente esquema:

Fase diseño
Obtención del certificado de eficiencia del proyecto.
Se incorpora al proyecto de ejecución.

Fase ejecución
Se realizarán inspecciones de control.
Se verificará la adecuación al proyecto.

Fase edificio terminado
Se obtiene el certificado de eficiencia energética.
Se incluirá en el libro del edificio.

5. Control externo e inspección

Dentro de las características técnicas y administrativas de la elaboración del certificado de eficiencia energética está el procedimiento de control o verificación del mismo que se basará en dos principios fundamentales:

- Será responsabilidad del organismo competente de cada comunidad autónoma.
- Se caracterizará por ser un procedimiento totalmente independiente de los certificados de eficiencia energética.

Sabía que...

Según una encuesta de la OCU, casi el 50 % de las viviendas en España tiene un aislamiento deficiente.

Este control se realizará sobre un porcentaje representativo de los certificados emitidos en un periodo anual. Dicho control comprenderá al menos las siguientes actuaciones:

- Verificar los datos característicos del edificio.
- Verificar los procedimientos de cálculo para la obtención del certificado de eficiencia energética.
- Verificar las recomendaciones incluidas en el informe.
- Realizar una visita al edificio para verificar la concordancia entre el edificio certificado y el indicado en la documentación del certificado energético.

El procedimiento de control podrá ejercerse bien por el órgano competente de la comunidad autónoma o bien por aquellos agentes externos independientes que cuenten con la autorización pertinente y que cumplan los requisitos establecidos en el Real Decreto 410/2010, de 31 de mayo, por el que se desarrollan los requisitos exigibles a los organismos de control de calidad de edificación.

Actividades

12. Haciendo uso del Real Decreto 410/2010, identificar en el mismo los dos requisitos exigibles a las entidades de control de calidad de la edificación.

Si tras la realización de un procedimiento de control se detectase que la calificación energética del edificio difiere de la indicada en la documentación, se le comunicará al propietario o promotor de la vivienda para que subsane o alegue las discrepancias oportunas de la calificación obtenida.

En materia de inspección, será el órgano competente de cada comunidad autónoma el encargado de realizar cuantas inspecciones considere necesarias para verificar el correcto cumplimiento de las obligaciones que supone la acreditación del certificado de eficiencia energética.

Aplicación práctica

A partir de lo estudiado en el contenido del capítulo, defina los siguientes conceptos: calificación, certificación energética del proyecto, certificación energética del edificio terminado, certificado de eficiencia energética del proyecto y certificado de eficiencia energética del edificio acabado.

SOLUCIÓN

- Calificación: expresión que determina la eficiencia energética de un edificio y que se representa mediante una etiqueta de eficiencia energética.
- Certificación energética del proyecto: procedimiento mediante el cual se verifica la calificación de eficiencia energética obtenida por el proyecto.
- Certificación energética del edificio terminado: procedimiento mediante el cual se verifica la calificación de eficiencia energética del proyecto con la del edificio terminado y que conduce a la obtención del certificado de eficiencia energética del edificio terminado.

Continúa en página siguiente >>

<< Viene de página anterior

▐ Certificado de eficiencia energética del proyecto: documento suscrito por el proyectista que se genera como resultado del proceso de certificación.
▐ Certificado de eficiencia energética del edificio terminado: documento suscrito por la dirección facultativa de la obra y que se genera como resultado del proceso de certificación.

6. Validez, renovación y actualización del certificado de eficiencia energética

Tal y como se indica en el Real Decreto 390/2021, el certificado de eficiencia energética tendrá una validez máxima de 10 años.

Para proceder a su renovación, será responsabilidad del órgano competente de cada comunidad autónoma establecer las condiciones oportunas para ello.

Sabía que...

Si no certifica su vivienda, local u oficina, y está obligado a ello, estaría incumpliendo la normativa y se consideraría, según la Ley General de Defensa del Consumidor, una infracción sancionable.

Para estos procedimientos administrativos, el propietario del inmueble será responsable de:

■ Realizar la renovación del certificado energético de eficiencia energética en el plazo de tiempo correspondiente. Para ello, cada comunidad autónoma establecerá procedimientos de registro *online* o *in situ*.

■ Actualizar los datos del certificado cuando se modifiquen aspectos importantes del edificio que afectan al certificado de eficiencia energética que posee en la actualidad.

 Aplicación práctica

Al presidente de una comunidad de vecinos en un edificio de reciente construcción le informan de que el certificado de eficiencia energética del edificio va a caducar. ¿Cómo debería actuar?

SOLUCIÓN

En primer lugar, deberá saber que será responsabilidad del propietario del edificio (o en su defecto su representante, es decir, el presidente) el encargado de llevar a cabo el proceso de renovación. Si el certificado caduca, significará que ya han transcurrido 10 años desde su expedición. A partir de ahora, el edificio se considerará como ya construido y por tanto deberá seguirse la normativa existente para ello.

Deberá dirigirse al organismo competente de su comunidad autónoma para seguir su procedimiento, ya que cada comunidad establecerá unas pautas a seguir.

La correspondiente inscripción de los certificados en los registros de cada comunidad autónoma tiene como objetivo final:

■ Acreditar al beneficiario para la posesión de la correspondiente etiqueta energética.

■ Informar sobre las características energéticas del edificio, el estado de sus instalaciones, su envolvente térmica, las condiciones de funcionamiento y la ocupación.

■ Servir como instrumento de control para los organismos correspondientes a la certificación energética.

■ Permitir a la Administración la elaboración de estudios y estadísticas que permitan mejorar los procedimientos en materia de eficiencia energética.

Tras la publicación del Real Decreto 235/2013, de 5 de abril ya derogado, y con el actual Real Decreto 390/2021, para evitar posibles malos entendimientos, se resume el proceso de certificación de edificios según el siguiente esquema:

PASO 1
Proceso: realizar la calificación energética del edificio

PASO 2
Proceso: visar el proyecto según HE-1
Responsable: arquitecto/ingeniero
Lugar: colegio facultativo

PASO 3
Proceso: registro del certificado energético
Responsable: arquitecto/ingeniero
Lugar: organismo competente de la comunidad autónoma

PASO 4
Proceso: calificación energética del proyecto
Responsable: organismo competente
de la comunidad autónoma
Lugar: organismo competente de la comunidad autónoma

PASO 5
Proceso: entrega de documentación
Responsable: promotor/arquitecto
Lugar: ayuntamiento

PASO 6
Proceso: inspecciones
Responsable: organismo competente
de la comunidad autónoma
Lugar: x

PASO 7
Proceso: calificación energética del edificio terminado
Responsable: organismo competente
de la comunidad autónoma
Lugar: organismo competente de la comunidad autónoma

7. Etiqueta de eficiencia energética

Tras la realización de un estudio en el que se han observado las diversas escalas de clasificación en otros países europeos, se ha establecido el diseño de la etiqueta energética para nuestro país.

Esta etiqueta se incluirá en toda oferta relacionada con la promoción o la publicidad de la vivienda o el edificio en lo referente a su venta o alquiler. Su estructura responderá a la siguiente imagen, en la que se especifican todos sus datos:

Etiqueta de eficiencia energética

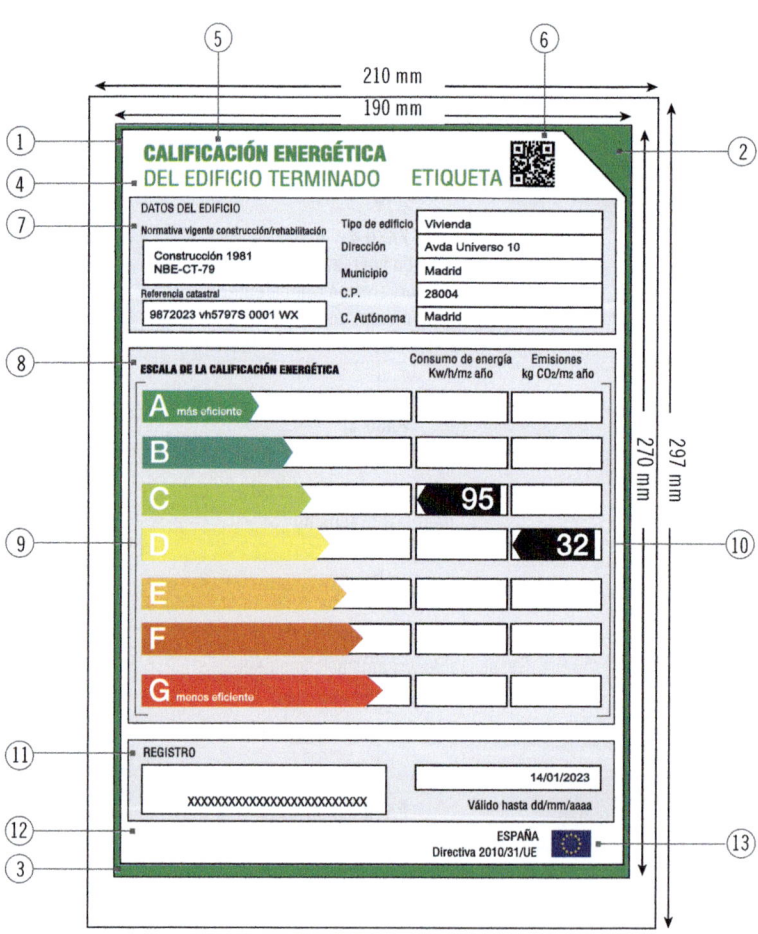

Continúa en página siguiente >>

<< Viene de página anterior

Se tendrán en cuenta las siguientes precisiones:

1. La etiqueta medirá al menos 190 mm de ancho y 270 mm de alto. Cuando se imprima en un formato mayor, su contenido deberá mantener las proporciones de las citadas especificaciones.
2. El fondo será blanco.
3. Los colores serán CMYK (cian, magenta, amarillo y negro) con arreglo al ejemplo siguiente: 00-70-X-00: cian 0 %, magenta 70 %, amarillo 100 %, negro 0 %.
4. Serán válidas todas las lenguas oficiales del Estado Español.
5. La etiqueta cumplirá todos los requisitos siguientes (los números se refieren a la figura anterior):

1. Reborde de la etiqueta: trazo 2 mm en bordes izquierdo, superior y derecho; y trazo de 4 mm en el borde inferior - color: para edificios terminados: verde 85-15-95-30; y para proyectos: naranja 10-65-100-10.
2. Esquina de la etiqueta: chaflán de 20 mm – 20 mm - color: para edificios terminados: verde 85-15-95-30; y para proyectos: naranja 10-65-100-10.
3. Borde inferior de la etiqueta: trazo 4 mm en borde inferior.
4. Cabecera de la etiqueta:
5. Título de la etiqueta: ancho: 180 mm – alto: 20 mm – fondo: 00-00-00-00.
   a. 1ª línea: "CALIFICACIÓN ENERGÉTICA" fuente: Helvetica Condensed Heavy 24 pt.
   b. 2ª línea: "DEL EDIFICIO TERMINADO" o "DEL PROYECTO" fuente: Helvetica Condensed Medium 24 pt.
   c. Color: para edificios terminados: verde 85-15-95-30; y para proyectos: naranja 10-65-100-10.
6. Código BIDI: ancho: 18 mm – alto: 18 mm.
   a. Título "ETIQUETA" fuente: Helvetica Condensed Thin 24 pt. Color: para edificios terminados: verde ....
   85-15-95-30; y para proyectos: naranja 10-65-100-10.
7. Datos del edificio:
   a. Área rectangular: ancho: 180 mm – alto: 50 mm – esquinas redondeadas con radio: 4 mm – color: 00-00-00-10.
   b. Título "DATOS DEL EDIFICIO" fuente: Helvetica Condensed Roman 13 pt – color: 00-00-00-X.
   c. Texto descriptivo de las casillas de formulario: fuente: Helvetica Condensed Thin 13 pt – color: 00-00-00-55.
   d. Casillas de formulario: ancho: variable – alto: 17 a 7 mm – color: 00-00-00-00.
   e. Texto a introducir en las casillas de formulario: fuente: Arial Normal 9-13 pt – color: 00-00-00-X.
8. Escala de la calificación energética: ancho: 180 mm – alto: 135 mm – esquinas redondeadas con radio: 4 mm – color: 00-00-00-10.
   a. Título "ESCALA DE LA CALIFICACIÓN ENERGÉTICA" fuente: Helvetica Condensed Heavy 13 pt – color: 00-00-00-X.
   b. Texto descriptivo de las casillas de formulario: fuente: Helvetica Condensed Thin 13 pt – color: 00-00-00-55.
9. Escala de A (más eficiente) a G (menos eficiente):
   a. Flecha: ancho: para clase A 45 mm – para clase G 90 mm - alto: 14 mm - espacio: 3 mm – colores:
      – Clase A: 85-15-95-30.
      – Clase B: 80-00-X-00.

Continúa en página siguiente >>

<< Viene de página anterior

— Clase C: 45-00-X-00.
— Clase D: 10-00-95-00.
— Clase E: 05-30-X-00.
— Clase F: 10-65-X-00.
— Clase G: 05-95-95-00.
b. Texto "A" – "G": fuente: Helvetica Rounded Condensed Bold 35 pt – color: 00-00-00-00.
c. Texto "más eficiente", "menos eficiente": fuente: Helvética Condensed Medium 15 pt – color: 00-00-00-00.
10. Calificación energética:
a. Flecha: ancho: 30 mm - alto: 15 mm - colores: 00-00-00-X.
b. Valor: fuente: Helvetica Rounded Condensed Bold 45 pt – color: 00-00-00-00.
11. Registro:
a. Área rectangular: ancho: 180 mm – alto: 30 mm – esquinas redondeadas con radio: 4 mm – color: 00-00-00-10.
b. Título "REGISTRO" fuente: Helvetica Condensed Roman 13 pt – color: 00-00-00-X.
c. Texto descriptivo de las casillas de formulario: fuente: Helvetica Condensed Thin 13 pt – color: 00-00-00-55.
d. Casillas de formulario: ancho: variable – alto: 17 a 7 mm – color: 00-00-00-00.
e. Texto a introducir en las casillas de formulario: fuente: Arial Normal 9-13 pt – color: 00-00-00-X.
12. Pie de etiqueta: ancho: 180 mm – alto: 20 mm – fondo: 00-00-00-00.
a. Texto "ESPAÑA": fuente: Helvetica Condensed Roman 13 pt – color: 00-00-00-X.
b. Texto "Directiva 2010/31/UE": fuente: Helvetica Condensed Thin 13 pt – color: 00-00-00-55.
13. Logotipo de la Unión Europea: ancho: 14 mm – alto: 10 mm.

Observando la imagen anterior, la numeración indicada se especifica a continuación:

1. Indica el borde de la etiqueta, realizado con un trazo continuo de 2 mm de espesor en los bordes izquierdo, superior y derecho y un trazo de 4 mm de espesor en el borde inferior. Para la etiqueta de edificios terminados se usará el color verde, mientras que para los certificados de proyectos se usará el color naranja.
2. Indica la existencia de un chaflán en el borde de la etiqueta. Su color será idéntico al indicado en el apartado anterior.
3. Indica el borde inferior de la etiqueta que, tal y como se indicó anteriormente, deberá ser de 4 mm de espesor.
4. Indica el encabezado de la etiqueta.
5. Hace referencia al título de la etiqueta. Deberá tener unas dimensiones de 180 mm de ancho y 20 mm de alto y un fondo blanco.

6. Representa el código BIDI y tiene unas dimensiones determinadas de 18 mm de ancho y 18 mm de alto. Este código llevará asociada la palabra **Etiqueta,** que poseerá unas determinadas características. La fuente de la letra será Helvética Condensed Thin, de 24 puntos y de color verde para edificios terminados y naranja para proyectos.

7. En este espacio se deberán incluir los datos representativos del edificio.

8. Lugar donde se incluye la escala de la calificación energética del edificio. Deberá tener unas dimensiones de 180 mm de ancho, 135 mm de alto y unas esquinas redondeadas de 4 mm.

9. Se incluirán los distintos tipos de escala desde la letra A (más eficiente) a la letra G (menos eficiente). Todos los colores de las correspondientes escalas estarán definidos por la normativa correspondiente.

10. Se incluirán en estas casillas los valores correspondientes al consumo de energía y las emisiones de CO_2.

11. Incluirá el sello del registro de la documentación así como la fecha de validez del certificado.

12. Incluirá el pie de la etiqueta en la que aparecerá la palabra **España** y la directiva europea de aplicación en materia de eficiencia energética.

13. Finalmente, se incluirá la bandera de la Unión Europea.

Anuncio de alquiler de una vivienda con el certificado de eficiencia energética

La etiqueta deberá ajustarse a las siguientes medidas:

- Deberá tener unas medidas de al menos 190 mm de ancho y 270 mm de alto.
- El fondo de la etiqueta deberá ser blanco.
- Los colores utilizados serán cian, magenta, amarillo y negro (CMYK).
- Serán válidas todas las lenguas oficiales del Estado español.

Recuerde

Queda prohibido el uso de etiquetas o símbolos que guarden relación con la certificación de la eficiencia energética de un edificio si este no cumple con los requisitos oportunos.

Actividades

13. ¿Se podría anunciar la venta o el alquiler de una vivienda sin el certificado y, una vez se tenga comprador/inquilino, realizarlo?
14. ¿Se estaría incurriendo en un delito en el caso anterior?

7.1. Escala de calificación energética para edificios residenciales (viviendas unifamiliares y bloques)

Según el índice de calificación energética de un edificio residencial, este será calificado con una determinada clase desde la letra A (más eficiente) a la letra G (menos eficiente). A continuación se indica la tabla que determinará la calificación de eficiencia energética:

CALIFICACIÓN DE EFICIENCIA ENERGÉTICA	VALOR DEL ÍNDICE DE CALIFICACIÓN
A	$C1 < 0,15$
B	$0,15 \leq C1 < 0,50$
C	$0,50 \leq C1 < 1,00$
D	$1,00 \leq C1 < 1,75$
E	$C1 > 1,75$ y $C2 < 1,00$
F	$C1 > 1,75$ y $1,00 \leq C2 < 1,5$
G	$C1 > 1,75$ y $1,50 \leq C2$

Estos índices de calificación energética de los edificios, C1 y C2, vienen determinados por las siguientes expresiones matemáticas. Todos estos valores estarán referidos únicamente a las instalaciones de calefacción, agua caliente sanitaria y refrigeración:

$$C1 = \frac{\left(\frac{I_0}{I_r} R\right) - 1}{2(R-1)} + 0,6; \quad C2 = \frac{\left(\frac{I_0}{I_s} R'\right) - 1}{2(R'-1)} + 0,5$$

Donde:

- **I_0:** corresponde al valor de las emisiones de CO_2 del edificio.
- **Ir:** corresponde al consumo anual de energía primaria no renovable o al valor medio de la emisión anual de CO_2. Válido para edificios de nueva construcción que cumplan con los requisitos de la sección de Ahorro Energético HE1, HE2, HE3 y HE4 del Código Técnico de la Edificación.
- **R:** corresponde a la ratio entre el valor indicado por el I_r y el valor de la emisión anual de CO_2, o bien al consumo de energía primaria no renovable anual.

- **Is:** corresponde al valor medio del consumo anual de energía primaria no renovable o al valor medio de la emisión anual de CO_2. Valor válido para las viviendas existentes en el año 2006.
- **R':** corresponde a la ratio entre el valor indicado por el I_s y el valor de la emisión anual de CO_2, o bien al consumo de energía primaria no renovable anual. Valor válido para las viviendas existentes en el año 2006.

Hay que resaltar que los valores de I_r, R, I_s y R' son valores tabulados de las diferentes capitales de provincia.

Importante

Todos estos cálculos matemáticos están únicamente referidos al consumo realizado por las instalaciones de calefacción, refrigeración y agua caliente sanitaria.

7.2. Escala de calificación energética para edificios destinados a otros usos

Los edificios no destinados a uso residencial seguirán otra clasificación diferente a los que sí son destinados como viviendas. La siguiente tabla expresa los valores de referencia utilizados. Su valor vendrá determinado por la siguiente expresión matemática:

$$C = \frac{I_{objeto}}{I_{referencia}}$$

Donde el valor del índice de calificación energética para cada indicador vendrá determinado por la división del valor estimado del edificio objeto del estudio y el valor tomado en el edificio de referencia.

CALIFICACIÓN DE EFICIENCIA ENERGÉTICA	VALOR DEL ÍNDICE DE CALIFICACIÓN
A	$C < 0,40$
B	$0,40 \leq C < 0,65$
C	$0,65 \leq C < 1,00$
D	$1,00 \leq C < 1,3$
E	$1,3 \leq C < 1,6$
F	$1,6 \leq C < 2$
G	$2 \leq C$

Al igual que para los edificios residenciales, la escala está conformada por siete letras desde la A (edificio más eficiente) hasta la G (menos eficiente).

 Importante

La etiqueta la expondrán los edificios públicos con una superficie superior a 1.000 m² y cuyo volumen de visitas de público sea elevado. Para el resto de edificios, su exposición será de carácter voluntario.

Aquí, el índice de calificación de eficiencia energética se calculará como el cociente entre el consumo anual de energía primaria no renovable o las emisiones anuales de CO_2 entre el consumo anual de energía primaria no renovable o las emisiones anuales de CO_2 del edificio tomado como referencia.

Actividades

15. ¿Se definirá una etiqueta de certificación energética como la de los electrodomésticos?

Aplicación práctica

En la siguiente tabla se muestran los valores de diversos indicadores de comportamiento energético de referencia de un edificio de uso no residencial que es objeto de calificación en diversas localidades. Calcule sus índices de calificación a partir de ellos.

Localidad	$I_{referencia}$		I_{objeto}	
	Demanda calefacción kW/m²	Demanda ACS kWh/m²	Demanda calefacción kW/m²	Demanda ACS kWh/m²
Sevilla	27,9	16,7	13,9	8,4
Albacete	72,2	17,9	101,8	25,1
Alicante	23,0	16,8	41,4	30,3

SOLUCIÓN

Para conocer el valor de su calificación energética se deberá utilizar la ecuación correspondiente a edificios no residenciales:

$$C = \frac{I_{objeto}}{I_{referencia}}$$

Continúa en página siguiente >>

<< Viene de página anterior

Conocidos los valores de los índices de referencia y objeto, pues se indican en la tabla del enunciado, se pueden conocer los valores de los correspondientes índices. Posteriormente, y haciendo uso de la tabla de calificación energética en función del valor del índice correspondiente, se indicará la clase obtenida por el edificio:

Localidad	Valor del índice de calificación (demanda de calefacción)	Valor del índice de calificación (demanda de ACS)	Intervalo	Calificación energética
Sevilla	0,5	0,5	$0,40 \leq C < 0,65$	B
Albacete	1,4	1,4	$1,3 \leq C < 1,6$	E
Alicante	1,8	1,8	$1,6 \leq C < 2$	F

8. Aplicación práctica de la opción simplificada

Como se ha indicado en ocasiones anteriores, si se pretende realizar la certificación energética de un edificio de nueva construcción mediante el procedimiento básico, se podrá optar por una opción general o una opción simplificada.

Durante este apartado se tratará la aplicación de la opción simplificada, que sirve para indicar la clase de eficiencia energética a asignar a los edificios de viviendas que cumplan estrictamente con la sección HE-1 del Documento Básico de Ahorro Energético incluido en el Código Técnico de la Edificación. Además, se podrán acoger a esta opción aquellos edificios que no puedan realizar la opción general.

Hay que recordar que mediante este procedimiento solo se podrá obtener la clase de calificación D o E. No obstante, mediante el uso de la opción general podrá obtenerse una calificación mejor.

 **Importante**

Aquellos edificios que se limiten a cumplir los requisitos técnicos indicados en el Código Técnico se les otorgará por defecto la clase E. En aquellos casos en los que se incluya alguna de las soluciones técnicas, se les otorgará la clase D.

8.1. Ámbito de aplicación

Las soluciones que a continuación se exponen cubren la mayoría de las características de los edificios destinados a viviendas unifamiliares y viviendas en bloque que están ubicadas en las 12 zonas climáticas en las que se divide el territorio español. No obstante, estas soluciones están limitadas por la aplicación de la opción simplificada.

Zonas climáticas de España

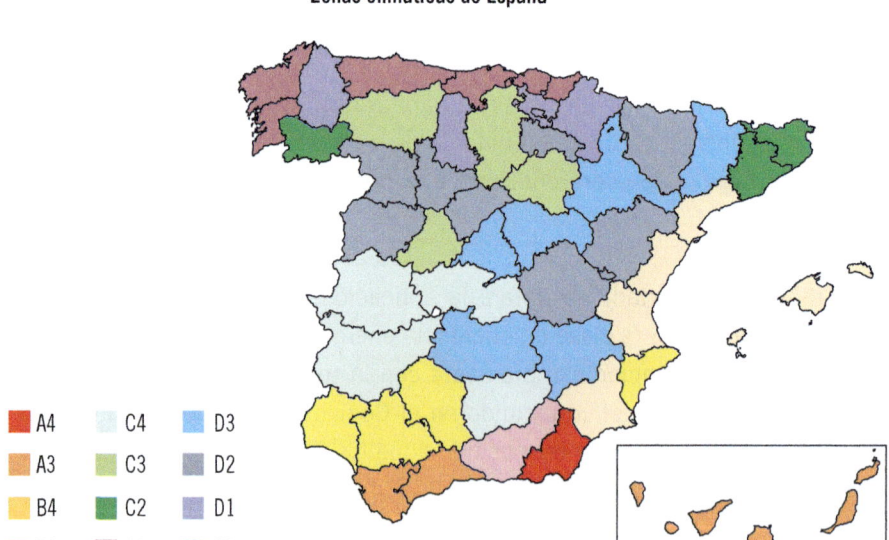

Recuerde

Para aplicarse la opción simplificada se deberá cumplir simultáneamente:

❚ Que el porcentaje de huecos en cada una de las fachadas sea inferior al 60 %.
❚ Que el porcentaje de lucernarios en la superficie total de la cubierta sea inferior al 5 %.

Se excluirán aquellos edificios que están ejecutados mediante soluciones constructivas no convencionales.

Sin embargo, se admitirá la existencia de huecos superiores al 60 % en aquellas fachadas cuya área suponga un porcentaje inferior al 10 % del área total de las fachadas del edificio.

Aplicación práctica

A un técnico de certificación energética de edificios, un cliente le realiza la siguiente cuestión: "¿Qué sucedería si estando obligado a ello no certifico la vivienda que deseo alquilar?". ¿Cómo debería responder?

SOLUCIÓN

Le respondería que si su edificio cumple las características para disponer de un certificado de eficiencia energética debería realizarlo. De no ser así, sería una acción sancionable por las autoridades competentes.

Además, el contrato podrá ser considerado nulo al no haber informado lo suficiente al cliente a su debido tiempo. Incluso existe la posibilidad de tener que indemnizar al inquilino/comprador por los daños causados por la falta de información.

8.2. Tablas de soluciones técnicas

Dentro de la aplicación práctica para edificios de viviendas puede adoptarse una solución técnica que se expresa en forma de tablas. En ellas se expresan los valores de un grupo determinado de parámetros característicos que indica el comportamiento energético del edificio y sus instalaciones.

De este modo, las soluciones técnicas que se presentan a continuación se clasifican, en un primer lugar, en viviendas unifamiliares o bloques de viviendas. Dentro de cada grupo se hará una subclasificación en función de la zona climática, la cual contendrá una serie de opciones.

Recuerde

Mediante la aplicación de este procedimiento únicamente se podrá obtener una clase de clasificación D o E.

Como se observará a continuación, cada opción elegida supone una solución técnica adoptada. Esta solución incluirá los valores de los siguientes parámetros característicos:

- La compacidad representa la relación entre el volumen encerrado por la envolvente térmica del edificio y la suma de las superficies de la propia envolvente. Por ejemplo, observando la siguiente figura y sus dimensiones podrá calcularse su compacidad.

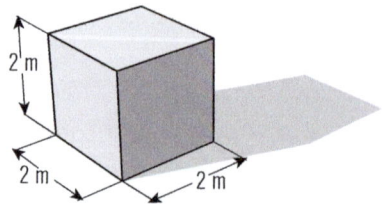

En primer lugar, se calculará el volumen del cubo, que será $V = 2 \times 2 \times 2 = 8$ m^3. Por otro lado, se calculará la superficie del mismo: $S = 4$ m^2 (superficie de cada lado) $\cdot$ 6 (lados) $= 24$ m^2. Se obtiene finalmente que su compacidad es $c = V / S = 8 / 24 = 0,3$ m.

$$C = V/S \text{ (m)}$$

- Rendimiento del generador de calefacción según su clasificación energética. Para ello se hará uso del Real Decreto 275/1995, de 24 de febrero, que hace referencia a una clasificación mediante un sistema de estrellas; o bien mediante el Real Decreto 142/2003, de 7 de febrero, que realiza una clasificación mediante un sistema de letras.
- Se hace distinción según el tipo de combustible utilizado para la instalación de calefacción, indicándose gas natural (GN), combustible líquido (LIQ) o bien gases licuados de petróleo (GLP).
- Según el Real Decreto 142/2003, se hará una clasificación del rendimiento del equipo generador de refrigeración utilizado. Para ello se hará referencia a un sistema de letras.
- Según el Real Decreto 275/1995, se hará una clasificación del equipo generador de agua caliente sanitaria. Para ello se hará uso de un sistema de estrellas.

Aplicación práctica

A partir de la siguiente figura, calcule su compacidad.

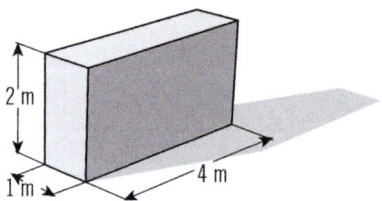

En primer lugar se calculará el volumen del cubo, que será V= 2 x 2 x 2 = 8 m³. Por otro lado, se calculará la superficie del mismo: S= 4 m² (superficie de cada lado) · 6 (lados) = 24 m². Se obtiene finalmente que su compacidad es c = V / S = 8 / 24 = 0,3 m.

SOLUCIÓN

Para el cálculo de la compacidad se deberá aplicar la fórmula c = V / S. Se calculará el volumen de la figura: V = 1 x 2 x 4 = 8 m³. A su vez, la superficie del mismo será: S = (2 x 2 x 1) + (2 x 2 x 4) + (2 x 1 x 4) = 4 + 16 + 8 = 28 m³.

Finalmente, el valor de la compacidad será: c = V / S = 8 / 28 = 0,29 m.

Tal y como se indica en las tablas que se incluyen a continuación, el cumplimiento de cualquier tipo de combinación de las opciones que se dan por columnas permiten asignar al edificio la clasificación de eficiencia D.

Nota

En el supuesto de que los parámetros característicos del edificio no permitan su inclusión en alguna de las opciones propuestas, o bien algunos de sus valores queden indicados mediante el signo -, el edificio obtendrá una clase de eficiencia E.

Opciones de obtención de clase D para viviendas unifamiliares en las zonas A3, A4, B4, C3 y C4

Se establecen para este grupo de viviendas unifamiliares cuatro opciones en función de la envolvente térmica y el tipo de instalación:

■ **Envolvente térmica:**

CONCEPTO	OPCIONES QUE CONDUCEN A LA OBTENCIÓN DE CLASE D			
	Opción 1	Opción 2	Opción 3	Opción 4
Compacidad	≥2	≥2	<2	<2

■ **Instalación de calefacción:**

CONCEPTO	OPCIONES QUE CONDUCEN A LA OBTENCIÓN DE CLASE D			
	Opción 1	Opción 2	Opción 3	Opción 4
Rendimiento de la caldera eléctrica, efecto Joule	-	-	-	-
Rendimiento de la caldera individual	G.N. ****	G.N. Todas	LIQ/ GLP **	-	G.N. ****

Continúa en página siguiente >>

<< Viene de página anterior

CONCEPTO	OPCIONES QUE CONDUCEN A LA OBTENCIÓN DE CLASE D			
	Opción 1	Opción 2	Opción 3	Opción 4
Rendimiento de la caldera individual mixta sin acumulación	-	G.N. **	-	-
Rendimiento de la bomba de calor en aparatos divididos	F	Todos	D	F
Rendimiento de la caldera individual mixta con acumulación	G.N. ****	G.N. Todas	LIQ/ GLP **	-	G.N. ****
Rendimiento de la bomba de calor en aparatos compactos	F	Todos	C	F
Rendimiento de la bomba de calor en aparatos de conducto único	D	F	B	D

La caldera más común utilizada para una vivienda es aquella que está preparada para ser colgada en la pared y recibe el nombre de **caldera mural.**

Este tipo de caldera está especialmente diseñada para la producción de calor para calefacción, aunque puede también utilizarse para la generación de agua caliente sanitaria, recibiendo entonces el nombre de **caldera mixta.**

Dentro de este tipo de calderas, se puede distinguir entre:

- Aquellas que generan agua caliente de modo instantáneo al abrir el grifo, aunque producen un caudal limitado.
- Las de acumulación, que, como su nombre indica, acumulan una cierta cantidad de agua caliente en un depósito a una temperatura determinada para su uso.

Caldera mixta con acumulador

Actividades

16. Tras instalar una caldera mixta instantánea se observa un comportamiento extraño en el caudal del agua caliente al abrir más de un grifo en la vivienda. ¿Qué sucede? Razonar la respuesta.
17. ¿Qué tipo de caldera supondrá mayor gasto durante su uso?

■ **Instalación de ACS:**

CONCEPTO	Opciones que conducen a la obtención de clase D			
	Opción 1	Opción 2	Opción 3	Opción 4
Rendimiento de la caldera sin acumulador	Todas	Todas	Todas	Todas
Rendimiento de la caldera con acumulador	Todas	Todas	Todas	Todas
Rendimiento de la caldera eléctrica, efecto Joule	Todas	Todas	Todas	Todas

■ **Instalación de refrigeración:**

CONCEPTO	Opciones que conducen a la obtención de clase D			
	Opción 1	Opción 2	Opción 3	Opción 4
Rendimiento del generador aire/ aire en aparatos divididos	Todas	D	Todas	A
Rendimiento del generador aire/ aire en aparatos compactos	Todas	C	Todas	A
Rendimiento del generador aire/ aire en aparatos de conducto único	Todas	A	Todas	-

Ejemplo de certificación de la calificación energética haciendo uso de la opción simplificada

Se trabaja en una vivienda unifamiliar ubicada en Málaga que posee una superficie en planta de 7,00 x 10,00 m y dos plantas en altura. Además, se conoce que su porcentaje en huecos en cada fachada es inferior al 20 %.

Tras un análisis de la documentación, se sabe que la vivienda cumple con las condiciones para la aplicación de la opción simplificada, es decir:

■ Condiciones del DB-HE1 sobre la limitación de la demanda energética.
■ Disposiciones del DB-HE2 sobre el rendimiento de las instalaciones térmicas en los edificios.
■ El porcentaje de contribución solar para la producción de ACS según el DB-HE4.

El poder aplicar la opción simplificada indica que la vivienda obtendrá automáticamente la clasificación de clase E o D. Para determinar cuál de ellas se le otorgará, se trabajará de la siguiente manera.

Los siguientes datos corresponden a la vivienda y serán necesarios para el procedimiento de la calificación energética.

VIVIENDA UNIFAMILIAR		
Volumen de la edificación		420 m³
Superficie de la envolvente	Solera en contacto con el suelo	65 m³
	Fachada y huecos	180 m³
	Cubierta plana	70 m³
Compacidad de la vivienda c = V / S$_{TOTAL}$		1,33

Tras los datos de la vivienda, se deberá obtener la información referente a las instalaciones de la vivienda. Para nuestro ejemplo:

- **Instalación de refrigeración:** formada por una bomba de calor de aparatos compactos de eficiencia D.
- **Instalación de calefacción:** formada por un generador aire-aire de aparatos compactos de eficiencia D.
- **Instalación de agua caliente sanitaria:** formada por una caldera sin acumulador alimentada por gas natural y con una eficiencia de tres estrellas (3*).

Una vez conocidos los datos necesarios, se procederá a localizar la tabla de soluciones técnicas para nuestro caso.

Al tratarse de una vivienda en Málaga, hay que situar su zona climática. Haciendo uso de la tabla incluida en el apéndice 1 se observa que se ubica en la zona A3.

Por tanto, se hará uso de la tabla Opciones de obtención de clase D para viviendas unifamiliares en las zonas A3, A4, B4, C3 y C4.

A continuación, se analizará el valor de la compacidad, que al ser <2 se deberá optar por las columnas correspondientes a las opciones 3 o 4.

Para decidir qué opción se deberá seleccionar, se compararán los datos de las instalaciones de la vivienda:

CONCEPTO	Opciones que conducen a la obtención de clase D			
	Opción 1	Opción 2	Opción 3	Opción 4
Compacidad	≥2	≥2	<2	<2
Instalación de calefacción				
Rendimiento de la bomba de calor en aparatos compactos	F	Todas	C	F
Instalación de agua caliente sanitaria				
Rendimiento de la caldera sin acumulador	Todas	Todas	Todas	Todas
Instalación de refrigeración				
Rendimiento del generador aire/aire en aparatos compactos	Todas	C	Todas	A

Analizando la opción tres se puede observar que:

- **Instalación de calefacción:** el generador es de eficiencia D y será necesario instalar uno de eficiencia C para cumplir con los requisitos de esta opción.
- **Instalación de agua caliente sanitaria:** la caldera que posee la vivienda es adecuada, pues se aceptan todas las categorías.
- **Instalación de refrigeración:** la bomba será aceptada para esta opción, pues son válidas todas.

Con estos resultados, al no cumplir con los requisitos de la instalación de calefacción, la clase que se le otorgará a la vivienda será la E.

Analizando la opción cuatro se puede observar que:

- **Instalación de calefacción:** el generador es de eficiencia D y será necesario instalar uno de eficiencia F. Por tanto, al ser de mejor rendimiento, será válido para conseguir la clase D.
- **Instalación de agua caliente sanitaria:** la caldera que posee la vivienda es adecuada, pues se aceptan todas las categorías.

- **Instalación de refrigeración:** la bomba deberá tener la clase A, pero, según los datos de partida, la instalada en la vivienda es de clase D. No será válida para conseguir la clase D.

Con estos resultados, al no cumplir con los requisitos de la instalación de refrigeración, la clase que se le otorgará a la vivienda será la E.

Se puede ver cómo, para ambas opciones, la clase de eficiencia energética que se adjudica a la vivienda es la E.

Opciones de obtención de clase D para viviendas unifamiliares en las zonas B3 y D3

Se establecen para este grupo de viviendas unifamiliares seis opciones en función de la envolvente térmica y el tipo de instalación:

- **Envolvente térmica:**

CONCEPTO	Opciones que conducen a la obtención de clase D					
	Opción 1	Opción 2	Opción 3	Opción 4	Opción 5	Opción 6
Compacidad	≥2	≥2	≥2	≥2	<2	<2

- **Instalación de ACS:**

CONCEPTO	Opciones que conducen a la obtención de clase D					
	Opción 1	Opción 2	Opción 3	Opción 4	Opción 5	Opción 6
Rendimiento de la caldera eléctrica, efecto Joule	Todas	-	Todas	Todas	Todas	-
Rendimiento de la caldera sin acumulador	Todas	-	Todas	Todas	Todas	-
Rendimiento de la caldera con acumulador	Todas	G.N. ****	Todas	Todas	Todas	G.N. ****

■ **Instalación de calefacción:**

CONCEPTO	Opciones que conducen a la obtención de clase D					
	Op. 1	Op. 2	Op. 3	Op. 4	Op. 5	Op. 6
Rendimiento de la caldera eléctrica, efecto Joule	-	-	-	-	-	-
Rendimiento de la caldera individual	G.N. ****	G.N. Todas | LIQ/GLP **	G.N. Todas | LIQ/GLP **		G.N. ****	G.N. ****
Rendimiento de la caldera individual mixta sin acumulación	-	G.N. **	G.N. **	-	-	
Rendimiento de la bomba de calor en aparatos divididos	F	Todas	Todas	D	F	F
Rendimiento de la caldera individual mixta con acumulación	G.N. ****	G.N. Todas | LIQ/GLP **	G.N. Todas | LIQ/GLP **		G.N. ****	G.N. ****
Rendimiento de la bomba de calor en aparatos compactos	F	Todas	Todas	C	F	F
Rendimiento de la bomba de calor en aparatos de conducto único	D	F	F	B	D	D

■ **Instalación de refrigeración:**

CONCEPTO	Opciones que conducen a la obtención de clase D					
	Op. 1	Op. 2	Op. 3	Op. 4	Op. 5	Op. 6
Rendimiento del generador aire/ aire en aparatos divididos	Todas	Todas	D	Todas	A	Todas
Rendimiento del generador aire/ aire en aparatos compactos	Todas	Todas	C	Todas	A	Todas
Rendimiento del generador aire/ aire en aparatos de conducto único	Todas	Todas	A	Todas	-	Todas

Opciones de obtención de clase D para viviendas unifamiliares en las zonas D1 y E1

Se establecen para este grupo de viviendas unifamiliares dos opciones en función de la envolvente térmica y el tipo de instalación:

■ **Envolvente térmica:**

CONCEPTO	Opciones que conducen a la obtención de clase D	
	Opción 1	Opción 2
Compacidad	≥2	<2

■ **Instalación de ACS:**

CONCEPTO	Opciones que conducen a la obtención de clase D	
	Opción 1	Opción 2
Rendimiento de la caldera eléctrica, efecto Joule	Todas	Todas

Continúa en página siguiente >>

<< Viene de página anterior

CONCEPTO	Opciones que conducen a la obtención de clase D	
	Opción 1	Opción 2
Rendimiento de la caldera sin acumulador	Todas	Todas
Rendimiento de la caldera con acumulador	Todas	Todas

■ **Instalación de refrigeración:**

CONCEPTO	Opciones que conducen a la obtención de clase D	
	Opción 1	Opción 2
Rendimiento del generador aire/aire	-	-

■ **Instalación de calefacción:**

CONCEPTO	Opciones que conducen a la obtención de clase D		
	Opción 1		Opción 2
Rendimiento de la caldera eléctrica, efecto Joule	-		-
Rendimiento de la caldera individual	G.N. Todas	LIQ/GLP **	G.N. ****
Rendimiento de la caldera individual mixta sin acumulación	G.N. **		-
Rendimiento de la bomba de calor en aparatos divididos	F		Todas

Continúa en página siguiente >>

<< Viene de página anterior

CONCEPTO	Opciones que conducen a la obtención de clase D		
	Opción 1		Opción 2
Rendimiento de la caldera individual mixta con acumulación	G.N. Todas	LIQ/GLP **	G.N. ****
Rendimiento de la bomba de calor en aparatos compactos	F		Todas
Rendimiento de la bomba de calor en aparatos de conducto único	D		F

 Actividades

18. Buscar información sobre los tipos de unidades terminales utilizados para la producción de agua caliente.
19. Buscar información sobre los tipos de unidades terminales utilizados para la impulsión de aire.

Opciones de obtención de clase D para viviendas unifamiliares en las zonas D2

Se establecen para este grupo de viviendas unifamiliares dos opciones en función de la envolvente térmica y el tipo de instalación:

- **Envolvente térmica:**

CONCEPTO	Opciones que conducen a la obtención de clase D	
	Opción 1	Opción 2
Compacidad	≥2	<2

■ **Instalación de ACS:**

CONCEPTO	Opciones que conducen a la obtención de clase D	
	Opción 1	Opción 2
Rendimiento de la caldera eléctrica, efecto Joule	Todas	Todas
Rendimiento de la caldera sin acumulador	Todas	Todas
Rendimiento de la caldera con acumulador	Todas	Todas

■ **Instalación de refrigeración:**

CONCEPTO	Opciones que conducen a la obtención de clase D	
	Opción 1	Opción 2
Rendimiento del generador aire/aire en aparatos divididos	Todas	Todas
Rendimiento del generador aire/aire en aparatos compactos	Todas	Todas
Rendimiento del generador aire/aire en aparatos de conducto único	Todas	Todas

■ **Instalación de calefacción:**

CONCEPTO	Opciones que conducen a la obtención de clase D	
	Opción 1	Opción 2
Rendimiento de la caldera eléctrica, efecto Joule	-	-

Continúa en página siguiente >>

<< Viene de página anterior

CONCEPTO	Opciones que conducen a la obtención de clase D		
	Opción 1		Opción 2
Rendimiento de la caldera individual	G.N. Todas	LIQ/GLP **	G.N. ****
Rendimiento de la caldera individual mixta sin acumulación	G.N. **		-
Rendimiento de la bomba de calor en aparatos divididos	Todas		F
Rendimiento de la caldera individual mixta con acumulación	G.N. Todas		G.N. ****
Rendimiento de la bomba de calor en aparatos compactos	Todas		F
Rendimiento de la bomba de calor en aparatos de conducto único	F		D

Opciones de obtención de clase D para viviendas unifamiliares en la zona C1

Se establecen para este grupo de viviendas unifamiliares dos opciones en función de la envolvente térmica y el tipo de instalación:

■ **Envolvente térmica:**

CONCEPTO	Opciones que conducen a la obtención de clase D	
Compacidad	Opción 1	Opción 2
	≥2	<2

■ **Instalación de ACS:**

CONCEPTO	Opciones que conducen a la obtención de clase D	
	Opción 1	Opción 2
Rendimiento de la caldera eléctrica, efecto Joule	Todas	Todas
Rendimiento de la caldera sin acumulador	Todas	Todas
Rendimiento de la caldera con acumulador	Todas	-

■ **Instalación de refrigeración:**

CONCEPTO	Opciones que conducen a la obtención de clase D	
	Opción 1	Opción 2
Rendimiento del generador aire/ aire en aparatos divididos	-	-

■ **Instalación de calefacción:**

CONCEPTO	Opciones que conducen a la obtención de clase D	
	Opción 1	Opción 2
Rendimiento de la caldera eléctrica, efecto Joule	-	-
Rendimiento de la caldera individual	G.N. Todas / LIQ/GLP **	G.N. ****
Rendimiento de la caldera individual mixta sin acumulación	G.N. **	-

Continúa en página siguiente >>

<< Viene de página anterior

CONCEPTO	Opciones que conducen a la obtención de clase D		
	Opción 1		Opción 2
Rendimiento de la bomba de calor en aparatos divididos	Todas		F
Rendimiento de la caldera individual mixta con acumulación	G.N. Todas	LIQ/GLP **	G.N. ****
Rendimiento de la bomba de calor en aparatos compactos	Todas		F
Rendimiento de la bomba de calor en aparatos de conducto único	F		D

Opciones de obtención de clase D para viviendas unifamiliares en la zona C2

Se establecen para este grupo de viviendas unifamiliares seis opciones en función de la envolvente térmica y el tipo de instalación:

■ **Envolvente térmica:**

CONCEPTO	Opciones que conducen a la obtención de clase D					
	Opción 1	Opción 2	Opción 3	Opción 4	Opción 5	Opción 6
Compacidad	≥ 2	≥ 2	≥ 2	<2	<2	<2

■ **Instalación de ACS:**

CONCEPTO	Opciones que conducen a la obtención de clase D					
	Opción 1	Opción 2	Opción 3	Opción 4	Opción 5	Opción 6
Rendimiento de la caldera eléctrica, efecto Joule	Todas	-	-	Todas	-	-
Rendimiento de la caldera sin acumulador	Todas	Todas	Todas	Todas	Todas	Todas
Rendimiento de la caldera con acumulador	Todas	Todas	Todas	Todas	Todas	Todas

■ **Instalación de calefacción:**

CONCEPTO	Opciones que conducen a la obtención de clase D						
	Op. 1	Op. 2		Op. 3		Op. 4	Op. 5	Op. 6
Rendimiento de la caldera eléctrica, efecto Joule	-	-		-		-	-	-
Rendimiento de la caldera individual	G.N. ****	G.N. Todas	LIQ/ GLP **	G.N. Todas	LIQ/ GLP **		G.N. ****	G.N. ****
Rendimiento de la caldera individual mixta sin acumulación	-	G.N. **		G.N. **		-	-	-
Rendimiento de la bomba de calor en aparatos divididos	F	Todos		Todos		D	F	F
Rendimiento de la caldera individual mixta con acumulación	G.N. ****	G.N. Todas	LIQ/ GLP **	G.N. Todas	LIQ/ GLP **		G.N. ****	G.N. ****

Continúa en página siguiente >>

<< Viene de página anterior

CONCEPTO	Opciones que conducen a la obtención de clase D					
	Op. 1	Op. 2	Op. 3	Op. 4	Op. 5	Op. 6
Rendimiento de la bomba de calor en aparatos compactos	F	Todos	Todos	C	F	F
Rendimiento de la bomba de calor en aparatos de conducto único	D	F	F	B	D	D

- **Instalación de refrigeración:**

CONCEPTO	Opciones que conducen a la obtención de clase D					
	Op. 1	Op. 2	Op. 3	Op. 4	Op. 5	Op. 6
Rendimiento del generador aire/aire en aparatos divididos	Todas	Todas	D	Todas	A	Todas
Rendimiento del generador aire/aire en aparatos compactos	Todas	Todas	C	Todas	A	Todas
Rendimiento del generador aire/aire en aparatos de conducto único	Todas	Todas	A	Todas	-	Todas

Opciones de obtención de clase D para viviendas unifamiliares en las zonas A4, B3, B4, C3 y C4

Se establecen para este grupo de viviendas unifamiliares tres opciones en función de la envolvente térmica y el tipo de instalación:

- **Envolvente térmica:**

CONCEPTO	Opciones que conducen a la obtención de clase D		
Compacidad	Opción 1	Opción 2	Opción 3
	≥2	≥2,5	<2,5

- **Instalación de ACS:**

CONCEPTO	Opciones que conducen a la obtención de clase D		
	Opción 1	Opción 2	Opción 3
Rendimiento de la caldera eléctrica, efecto Joule	Todas	Todas	Todas
Rendimiento de la caldera sin acumulador	Todas	Todas	Todas
Rendimiento de la caldera con acumulador	Todas	Todas	Todas

- **Instalación de calefacción:**

CONCEPTO	Opciones que conducen a la obtención de clase D		
	Opción 1	Opción 2	Opción 3
Rendimiento de la caldera eléctrica, efecto Joule	-	-	-
Rendimiento de la caldera individual	-	G.N. Todas	LIQ/GLP **	-

Continúa en página siguiente >>

<< Viene de página anterior

CONCEPTO	Opciones que conducen a la obtención de clase D			
	Opción 1	Opción 2		Opción 3
Rendimiento de la caldera individual mixta sin acumulación	-	G.N. **		-
Rendimiento de la bomba de calor en aparatos divididos	D	Todas		D
Rendimiento de la caldera individual mixta con acumulación	-	G.N. Todas	LIQ/GLP **	-
Rendimiento de la caldera centralizada	-	G.N. Todas	LIQ/GLP **	-
Rendimiento de la caldera centralizada mixta	-	G.N. Todas	LIQ/GLP **	-
Rendimiento de la bomba de calor en aparatos compactos	C	Todas		C
Rendimiento de la bomba de calor en aparatos de conducto único	B	F		B

■ **Instalación de refrigeración:**

CONCEPTO	Opciones que conducen a la obtención de clase D		
	Opción 1	Opción 2	Opción 3
Rendimiento del generador aire/ aire en aparatos divididos	Todas	D	A
Rendimiento del generador aire/ aire en aparatos compactos	Todas	C	-
Rendimiento del generador aire/ aire en aparatos de conducto único	Todas	A	A

Aplicación práctica

Realice la certificación de una vivienda unifamiliar ubicada en Zaragoza. Para ello, se indican los siguientes datos:

▮ Compacidad: 2,1 m.
▮ Instalación refrigeración: tipo aire-aire dividido con etiqueta energética C.
▮ Instalación calefacción: caldera individual mixta de tres estrellas.
▮ Instalación de ACS: sin acumulador y alimentada con gas natural.

SOLUCIÓN

Al tratarse de una vivienda unifamiliar, y al ubicarse en la zona climática D3, se hará uso de la tabla correspondiente a Opciones de obtención de clase D para viviendas unifamiliares en las zonas B3 y D3.

Se entrará en la tabla por el valor de la compacidad. Así, al ser mayor al valor de 2, se podrán utilizar las opciones 1, 2 o 3.

CONCEPTO	Envolvente térmica		
Compacidad	Opción 1	Opción 2	Opción 3
	≥2	≥2	≥2
Instalación de ACS			
Rendimiento de la caldera sin acumulador	Todas	-	Todas
Instalación de calefacción			
Rendimiento de la caldera individual mixta sin acumulación	-	G.N. **	G.N. **
Instalación de refrigeración			
Rendimiento del generador aire/aire en aparatos divididos	Todos	Todos	D

Continúa en página siguiente >>

<< Viene de página anterior

Se comprobarán las instalaciones de calefacción, refrigeración y agua caliente sanitaria.

Se observa cómo con la opción 3 se podrá obtener la clase D en la vivienda. Mientras que si se optan por las opciones 1 o 2, se obtendrá la clase E al no encontrarse definidas dos de las características.

Opciones de obtención de clase D para bloque de viviendas en la zona A3

Se establecen para este grupo de viviendas unifamiliares tres opciones en función de la envolvente térmica y el tipo de instalación:

- **Envolvente térmica:**

CONCEPTO	Opciones que conducen a la obtención de clase D		
	Opción 1	Opción 2	Opción 3
Compacidad	≥2,5	≥2,5	<2,5

- **Instalación de ACS:**

CONCEPTO	Opciones que conducen a la obtención de clase D		
	Opción 1	Opción 2	Opción 3
Rendimiento de la caldera eléctrica, efecto Joule	Todas	Todas	Todas
Rendimiento de la caldera sin acumulador	Todas	Todas	Todas
Rendimiento de la caldera con acumulador	Todas	-	-

■ **Instalación de calefacción:**

CONCEPTO	Opciones que conducen a la obtención de clase D		
	Opción 1	Opción 2	Opción 3
Rendimiento de la caldera eléctrica, efecto Joule	-	-	-
Rendimiento de la caldera individual	-	G.N. Todas / LIQ/GLP **	-
Rendimiento de la caldera individual mixta sin acumulación	-	G.N. **	-
Rendimiento de la bomba de calor en aparatos divididos	D	Todos	D
Rendimiento de la caldera individual mixta con acumulación	-	G.N. Todas / LIQ/GLP **	-
Rendimiento de la caldera centralizada	-	G.N. Todas / LIQ/GLP **	-
Rendimiento de la caldera centralizada mixta	-	G.N. Todas / LIQ/GLP **	-
Rendimiento de la bomba de calor en aparatos compactos	C	Todos	C
Rendimiento de la bomba de calor en aparatos de conducto único	B	F	B

■ **Instalación de refrigeración:**

CONCEPTO	Opciones que conducen a la obtención de clase D		
	Opción 1	Opción 2	Opción 3
Rendimiento del generador aire/aire en aparatos divididos	Todas	D	A
Rendimiento del generador aire/aire en aparatos compactos	Todas	C	-
Rendimiento del generador aire/aire en aparatos de conducto único	Todas	A	A

Aplicación práctica

Tras realizar la calificación energética de un bloque de viviendas ubicado en la zona climática A3, ha obtenido la clase E con los siguientes datos del proyecto:

I Compacidad = 2,6 m.
I Instalación de ACS: caldera eléctrica de efecto Joule.
I Instalación de refrigeración: generador aire/aire en aparatos divididos.
I Instalación de calefacción: bomba de calor en aparatos de conducto único de clase G.

¿Qué recomendación daría para mejorar la calificación energética de la vivienda?

SOLUCIÓN

Tras observar la tabla de soluciones técnicas correspondientes a bloques de viviendas ubicados en la zona A3, y para un valor de compacidad ≥2,6, se tiene que:

Continúa en página siguiente >>

<< Viene de página anterior

VALOR DE LA COMPACIDAD		
Compacidad	Opción 1	Opción 2
	≥2,5	≥2,5

Instalación de agua caliente sanitaria		
Rendimiento de la caldera eléctrica, efecto Joule	Opción 1	Opción 2
	Todas	Todas

Instalación de calefacción		
Rendimiento de la bomba de calor en aparatos de conducto único	Opción 1	Opción 2
	B	F

Instalación de refrigeración		
Rendimiento del generador aire/aire en aparatos divididos	Opción 1	Opción 2
	Todos	D

Para poder mejorar la calificación energética se debería optar por cambiar la bomba de calor por otra de una mejor eficiencia, ya que para optar a una calificación de clase D se deberá tener una bomba de calor de al menos clase F.

Sabía que...

Para la realización de las tablas de soluciones técnicas se han contemplado para la producción de agua caliente sanitaria y las instalaciones de calefacción tres tipos de calderas, la de baja temperatura, la estándar y la de condensación. Hay que indicar que las de baja temperatura y las de condensación se han tenido en cuenta únicamente en la instalación de calefacción centralizada.

Opciones de obtención de clase D para bloque de viviendas en la zona C2

Se establecen para este grupo de viviendas unifamiliares cinco opciones en función de la envolvente térmica y el tipo de instalación:

■ **Envolvente térmica:**

CONCEPTO	Opciones que conducen a la obtención de clase D				
Compacidad	Opción 1	Opción 2	Opción 3	Opción 4	Opción 5
	≥2,5	≥2,5	≥2,5	<2,5	<2,5

■ **Instalación de ACS:**

CONCEPTO	Opciones que conducen a la obtención de clase D						
	Opción 1	Opción 2	Opción 3		Opción 4	Opción 5	
Rendimiento de la caldera eléctrica, efecto Joule	Todas	-	-		-	-	
Rendimiento de la caldera sin acumulador	Todas	Todas	Todas		Todas	Todas	
Rendimiento de la caldera con acumulador	Todas	Todas	Todas		Todas	Todas	
Rendimiento de la caldera centralizada mixta	Todas	Todas	G.N. Todas	LIQ/ GLP **	Todas	G.N. Todas	LIQ/ GLP **

■ **Instalación de calefacción:** para esta aplicación, el rendimiento de la caldera eléctrica por efecto Joule tendrá la consideración de – para las cinco opciones.

CONCEPTO	Opciones que conducen a la obtención de clase D						
	Opción 1	Opción 2		Opción 3		Opción 4	Opción 5
Rendimiento de la caldera individual	-	G.N. Todas	LIQ/ GLP **	G.N. Todas	LIQ/ GLP **	-	-
Rendimiento de la caldera individual mixta sin acumulación	-	G.N. **		G.N. **		-	-
Rendimiento de la bomba de calor en aparatos divididos	D	Todos		Todos		D	D
Rendimiento de la caldera individual mixta con acumulación	-	G.N. Todas		G.N. Todas		-	-
Rendimiento de la bomba de calor en aparatos compactos	C	Todos		Todos		C	C
Rendimiento de la bomba de calor en aparatos de conducto único	B	F		F		B	B
Rendimiento de la caldera centralizada	-	G.N. Todas		G.N. Todas		-	-
Rendimiento de la caldera centralizada mixta	-	G.N. Todas		G.N. Todas		-	-

■ **Instalación de refrigeración:**

CONCEPTO	Opciones que conducen a la obtención de clase D				
	Op. 1	Op. 2	Op. 3	Op. 4	Op. 5
Rendimiento del generador aire/ aire en aparatos divididos	Todos	D	Todos	A	Todos
Rendimiento del generador aire/ aire en aparatos compactos	Todos	C	Todos	-	Todos
Rendimiento del generador aire/ aire en aparatos de conducto único	Todos	A	Todos	-	Todos

Opciones de obtención de clase D para bloque de viviendas en las zonas D2 y D3

Se establecen para este grupo de viviendas unifamiliares cinco opciones en función de la envolvente térmica y el tipo de instalación:

■ **Envolvente térmica:**

CONCEPTO	Opciones que conducen a la obtención de clase D				
	Opción 1	Opción 2	Opción 3	Opción 4	Opción 5
Compacidad	≥2,5	≥2,5	≥2,5	<2,5	<2,5

■ **Instalación de ACS:**

CONCEPTO	Opciones que conducen a la obtención de clase D				
	Opción 1	Opción 2	Opción 3	Opción 4	Opción 5
Rendimiento de la caldera eléctrica, efecto Joule	Todas	Todas	-	Todas	-

Continúa en página siguiente >>

<< Viene de página anterior

CONCEPTO	Opciones que conducen a la obtención de clase D				
	Opción 1	Opción 2	Opción 3	Opción 4	Opción 5
Rendimiento de la caldera sin acumulador	Todas	Todas	Todas	Todas	Todas
Rendimiento de la caldera con acumulador	Todas	Todas	Todas	Todas	Todas
Rendimiento de la caldera centralizada mixta	Todas	Todas	Todas	Todas	Todas

■ **Instalación de calefacción:**

CONCEPTO	Opciones que conducen a la obtención de clase D					
	Opción 1	Opción 2		Opción 3	Opción 4	Opción 5
Rendimiento de la caldera eléctrica, efecto Joule	-	-		-	-	-
Rendimiento de la caldera individual	-	G.N. Todas	LIQ/ GLP **	G.N. Todas	LIQ/ GLP **	-	-
Rendimiento de la caldera individual mixta sin acumulación	-	G.N. **		G.N. **	-	-
Rendimiento de la bomba de calor en aparatos divididos	D	Todos		Todos	D	D

Continúa en página siguiente >>

<< Viene de página anterior

CONCEPTO	Opciones que conducen a la obtención de clase D						
	Opción 1	Opción 2		Opción 3		Opción 4	Opción 5
Rendimiento de la caldera individual mixta con acumulación	-	G.N. Todas	LIQ/ GLP **	G.N. Todas	LIQ/ GLP **	-	-
Rendimiento de la bomba de calor en aparatos compactos	C	Todos		Todos		C	C
Rendimiento de la bomba de calor en aparatos de conducto único	B	F		F		B	B
Rendimiento de la caldera centralizada	-	G.N. Todas	LIQ/ GLP ****	G.N. Todas	LIQ/ GLP ****	-	-
Rendimiento de la caldera centralizada mixta	-	G.N. Todas	LIQ/ GLP **	G.N. Todas	LIQ/ GLP **	-	-

■ **Instalación de refrigeración:**

CONCEPTO	Opciones que conducen a la obtención de clase D				
	Opción 1	Opción 2	Opción 3	Opción 4	Opción 5
Rendimiento del generador aire/ aire en aparatos divididos	Todos	D	Todos	A	Todos
Rendimiento del generador aire/ aire en aparatos compactos	Todos	C	Todos	-	Todos
Rendimiento del generador aire/ aire en aparatos de conducto único	Todos	A	Todos	-	Todos

Aplicación práctica

Si al realizar una certificación de un bloque de viviendas en la zona climática D3 observara que tienen instalada una caldera eléctrica de efecto Joule, ¿cómo actuaría?

SOLUCIÓN

Tras dirigirse a la instalación de calefacción puede observarse que para cualquiera de las cinco opciones el rendimiento de una caldera eléctrica por efecto Joule viene indicada con el signo –. Esto implica que se le otorgará a la vivienda la clase E por defecto.

Opciones de obtención de clase D para bloque de viviendas en las zonas D1 y E1

Se establecen para este grupo de viviendas unifamiliares dos opciones en función de la envolvente térmica y el tipo de instalación:

- **Envolvente térmica:**

CONCEPTO	Opciones que conducen a la obtención de clase D	
Compacidad	Opción 1	Opción 2
	≥2,5	<2,5

- **Instalación de ACS:**

CONCEPTO	Opciones que conducen a la obtención de clase D	
	Opción 1	Opción 2
Rendimiento de la caldera eléctrica, efecto Joule	Todas	Todas

Continúa en página siguiente >>

<< Viene de página anterior

CONCEPTO	Opciones que conducen a la obtención de clase D	
	Opción 1	Opción 2
Rendimiento de la caldera sin acumulador	Todas	Todas
Rendimiento de la caldera con acumulador	Todas	Todas
Rendimiento de la caldera centralizada mixta	Todas	Todas

■ **Instalación de calefacción:**

CONCEPTO	Opciones que conducen a la obtención de clase D		
	Opción 1		Opción 2
Rendimiento de la caldera eléctrica, efecto Joule	-		-
Rendimiento de la caldera individual	G.N. Todas	LIQ/GLP **	-
Rendimiento de la caldera individual mixta sin acumulación	G.N. **		-
Rendimiento de la bomba de calor en aparatos divididos	Todos		D
Rendimiento de la caldera individual mixta con acumulación	G.N. Todas	LIQ/GLP **	-
Rendimiento de la bomba de calor en aparatos compactos	Todos		C
Rendimiento de la bomba de calor en aparatos de conducto único	F		B
Rendimiento de la caldera centralizada	G.N. Todas	LIQ/GLP ****	-

Continúa en página siguiente >>

<< Viene de página anterior

CONCEPTO	Opciones que conducen a la obtención de clase D		
	Opción 1		Opción 2
Rendimiento de la caldera centralizada mixta	G.N. Todas	LIQ/GLP **	-

■ **Instalación de refrigeración:**

CONCEPTO	Opciones que conducen a la obtención de clase D	
	Opción 1	Opción 2
Rendimiento del generador aire/aire	-	-

Opciones de obtención de clase D para bloque de viviendas en la zona C1

Se establecen para este grupo de viviendas unifamiliares tres opciones en función de la envolvente térmica y el tipo de instalación:

■ **Envolvente térmica:**

CONCEPTO	Opciones que conducen a la obtención de clase D		
Compacidad	Opción 1	Opción 2	Opción 3
	≥2,5	≥2,5	<2,5

■ **Instalación de ACS:**

CONCEPTO	Opciones que conducen a la obtención de clase D		
	Opción 1	Opción 2	Opción 3
Rendimiento de la caldera eléctrica, efecto Joule	-	Todas	-
Rendimiento de la caldera sin acumulador	Todas	Todas	Todas
Rendimiento de la caldera con acumulador	Todas	Todas	Todas
Rendimiento de la caldera centralizada mixta	Todas	Todas	Todas

■ **Instalación de calefacción:**

CONCEPTO	Opciones que conducen a la obtención de clase D			
	Opción 1		Opción 2	Opción 3
Rendimiento de la caldera eléctrica, efecto Joule	-		-	-
Rendimiento de la caldera individual	G.N. Todas	LIQ/GLP **	-	-
Rendimiento de la caldera individual mixta sin acumulación	G.N. **		-	-
Rendimiento de la bomba de calor en aparatos divididos	Todos		D	D
Rendimiento de la caldera individual mixta con acumulación	G.N. Todas	LIQ/GLP **	-	-
Rendimiento de la bomba de calor en aparatos compactos	Todos		C	C
Rendimiento de la bomba de calor en aparatos de conducto único	F		B	B

Continúa en página siguiente >>

< < Viene de página anterior

CONCEPTO	Opciones que conducen a la obtención de clase D			
	Opción 1		Opción 2	Opción 3
Rendimiento de la caldera centralizada	G.N. Todas	LIQ/GLP ****	-	-
Rendimiento de la caldera centralizada mixta	G.N. Todas	LIQ/GLP **	-	-

■ **Instalación de refrigeración:**

CONCEPTO	Opciones que conducen a la obtención de clase D		
	Opción 1	Opción 2	Opción 3
Rendimiento del generador aire/aire	-	-	-

8.3. Procedimiento mediante el uso de CE2

Tras formar parte del registro oficial de documentos reconocidos para la certificación de eficiencia energética el día 18 de noviembre de 2009, el procedimiento CE2 permite obtener calificaciones energéticas de la clase D, C y B. Por tanto, se dispone de diversos procedimientos para llevar a cabo la certificación energética:

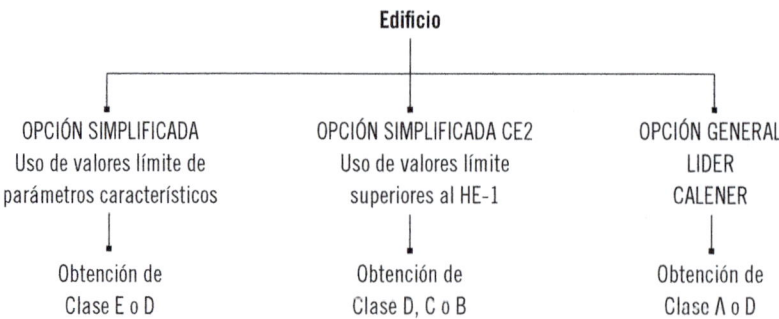

Edificio

OPCIÓN SIMPLIFICADA	OPCIÓN SIMPLIFICADA CE2	OPCIÓN GENERAL
Uso de valores límite de parámetros característicos	Uso de valores límite superiores al HE-1	LIDER CALENER
Obtención de Clase E o D	Obtención de Clase D, C o B	Obtención de Clase A o D

A diferencia del anterior, que utilizaba tablas de soluciones técnicas para la comparación de comportamientos entre el edificio objeto y otro tomado como referencia, este procedimiento se caracteriza por:

- Únicamente es aplicable a las viviendas ubicadas en la Península, excluyendo por tanto a las islas y las ciudades autónomas de Ceuta y Melilla.
- Permite la evaluación de edificios en los que no se especifican las instalaciones de calefacción o refrigeración, no otorgándoles por ello la calificación de clase E.
- Permite la definición de edificios en los que se haga uso de más de un sistema de calefacción y refrigeración.
- Permite la definición de edificios en los que la superficie útil sea superior a la superficie acondicionada.

Si anteriormente se hacía uso de la compacidad y las distintas instalaciones, en esta ocasión se hará uso de otros factores determinantes en el diseño del edificio:

- **Compacidad.**
- **Caudal de ventilación:** en los edificios con una tasa de ventilación superior a 1 no se podrá aplicar el método. Y para inferiores a 0,75 se les otorgará una clase inferior.
- **Orientación de los huecos:** se tendrá en consideración la orientación de las fachadas.
  Si se orientan los huecos hacia el Sur, el Sureste y el Suroeste, se puede favorecer el sol hacia el interior de la vivienda y reducir la demanda de calefacción en invierno.

Se basa en utilizar unos índices parciales de eficiencia energética (IEE): tres destinados a la demanda y otros tres para sistemas. El valor de estos índices determinará el índice de eficiencia global que determinará a su vez la calificación energética de la vivienda.

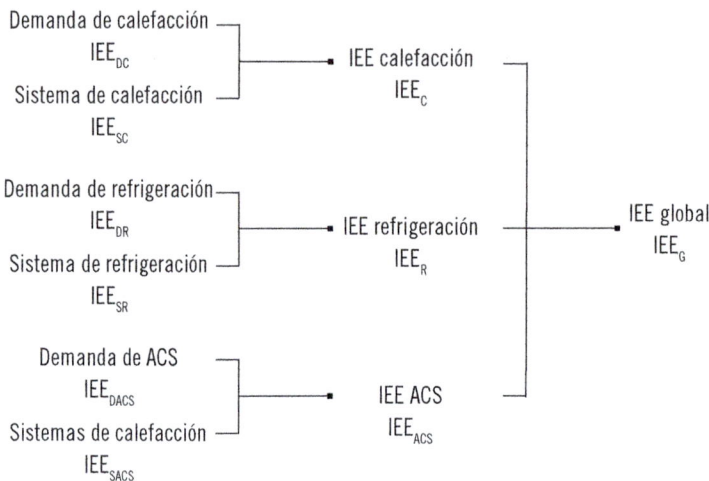

 **Actividades**

20. ¿Qué sucedería si los huecos de una vivienda estuvieran orientados hacia el Sur en verano?

9. Ejemplo para la evaluación de la certificación energética en edificios del sector terciario

Durante el desarrollo de este apartado se realizará la evaluación de la certificación energética de un edificio del sector terciario, más concretamente se trabajará sobre un edificio de uso docente. Para ello se hará uso del programa informático oficial LIDER/CALENER, mediante el cual se harán los siguientes estudios:

- La existencia o no de autoproducción de energía mediante cogeneración o energía solar fotovoltaica.
- La comparación en tres zonas climáticas, más concretamente en Sevilla (B4), Madrid (D3) y Burgos (E1). De este modo se representarán las severidades climáticas de varias zonas del territorio español.

 **Nota**

La herramienta informática LIDER/CALENER evalúa las instalaciones de calefacción, refrigeración, agua caliente sanitaria e iluminación de los edificios terciarios.

A continuación, se ven las imágenes de los edificios que serán estudiados mediante el programa LIDER/CALENER. Este será un paso previo y necesario para conocer la demanda energética del edificio que es objeto de estudio y verificar si cumple con los requisitos de las correspondientes zonas climáticas para obtener la correspondiente calificación energética.

Representación de un edificio de uso docente

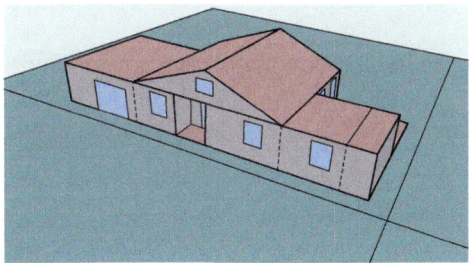

El siguiente paso a seguir tratará sobre la selección de la composición de los cerramientos de los edificios para que satisfagan los valores establecidos para cada zona climática. Para ello se partirá de suponer que el valor de la transmitancia térmica (U) en nuestros edificios será un 20 % menor que el valor límite.

Valores límite de la transmitancia térmica de la envolvente de los espacios habitables	ZONA CLIMÁTICA					
	B4		D3		E1	
	Valor	Valor límite	Valor	Valor límite	Valor	Valor límite
Suelo	0,42	0,52	0,40	0,49	0,38	0,48
Cerramiento interior	0,85	1,07	0,65	0,86	0,60	0,74
Forjado exterior	0,36	0,45	0,30	0,38	0,28	0,35
Muro exterior	0,66	0,84	0,53	0,66	0,47	0,57

9.1. Sistemas de climatización planteados

Durante este apartado se dará una introducción de los diversos sistemas de energía que pueden utilizarse para llevar a cabo el proceso de climatización del edificio que es objeto de estudio:

- **Sistema de gas natural completo:** caracterizado por ser un sistema centralizado y por realizar, en función de las características del edificio, la distribución en uno o varios circuitos. La producción de calor se realizará mediante una caldera con un rendimiento del 95 %. Por otra parte, la generación de frío se llevará a cabo mediante una máquina de absorción de simple efecto.
- **Sistema de gas natural eléctrico:** al igual que en el caso anterior, se tratará de un sistema centralizado. La producción de calor se realizará mediante una caldera con un rendimiento del 95 %. Por otra parte, la generación de frío se realizará mediante una enfriadora del tipo Rooftop.
- **Sistema eléctrico:** caracterizado por realizar una climatización tipo Multi-Split (VRV) que suministra calor y frío a los recintos. En este tipo de sistema, cada una de las unidades exteriores está conectada a una o varias unidades interiores.

Para realizar los cálculos de la potencia necesaria en los equipos utilizados en el edificio docente se pueden tomar varias simplificaciones:

- No se considerará el consumo de ACS, ya que se supone que los edificios docentes no necesitan demanda de ACS.
- No se considerará la necesidad de refrigeración, ya que la actividad docente tendrá un carácter estacional y su actividad no se desarrollará durante los meses estivales.
- Al no considerarse la necesidad de refrigeración, se eliminará la opción de elección de un sistema eléctrico al completo.

Con todo ello, se realizarán los cálculos suponiendo el uso de gas natural como sistema de climatización:

EDIFICIO DOCENTE	
Zona climática	Potencia de calefacción
B4	192 kW
D3	235 kW
C1	241 kW

A partir de las simplificaciones indicadas, pueden describirse dos tipos de escenarios a estudiar:

EDIFICIO DOCENTE		
Tipo	Calefacción	Fotovoltaica
T1	Gas natural	NO
T2	Gas natural	SÍ

No hay que olvidar que, según el Código Técnico de la Edificación, se requerirá una contribución mínima fotovoltaica a partir de los siguientes datos procedentes de la tabla Límite de aplicación según el HE-5.

Para nuestro caso, se supondrán los siguientes valores indicados:

Uso del edificio	Zona climática	Valor límite de aplicación	Energía fotovoltaica producida (kWh/año)
	B4		53.222
Docente	D3	4.000 m² construidos	49.474
	E1		46.850

9.2. Resultados obtenidos

Tras introducir los datos en LIDER/CALENER se han obtenido los siguientes resultados que indicarán para cada zona climática:

- La energía final consumida expresada en MWh/año.
- La energía primaria consumida expresada en MWh/año.
- Las emisiones anuales de CO_2, indicándose en color azul la de mejor resultado y en rojo la de peor. Su valor se obtendrá de dividir el valor de las emisiones globales del edificio entre las de un edificio considerado como referencia. De este modo, un valor más pequeño implicará un mejor comportamiento del edificio.

Para el edificio docente tipo 1 (con uso de gas natural y sin aporte de fotovoltaica) se observan los siguientes resultados:

	Zona climática		
	B4	D3	E1
Energía final (MWh/año)	134,5	237,8	347,9
Energía primaria (MWh/año)	231,8	340,9	455,8
Emisiones de CO_2	54,2	66,6	100,1
Calificación global	0,76	0,63	0,59

Para el edificio docente tipo 2 (con uso de gas natural y con aporte de foto-voltaica) se observan los siguientes resultados:

	Zona climática		
	B4	D3	E1
Energía final (MWh/año)	134,5	237,8	347,9
Energía primaria (MWh/año)	146,4	260,1	378,3
Emisiones de CO_2	32,9	56,4	80,7
Calificación global	0,46	0,47	0,47

Según los datos observados, se puede ver cómo el edificio que mejor califi-cación energética ofrece es aquel que utiliza gas natural para la calefacción y un aporte de energía fotovoltaica para la generación de electricidad.

 Aplicación práctica

A partir de los resultados obtenidos anteriormente se deberá adjudicar una letra para la calificación energética del edificio. ¿Qué tabla se deberá utilizar?

SOLUCIÓN

Hay que usar la tabla de calificación energética referente a edificios no residenciales e incluida en el apartado Etiqueta de eficiencia energética.

Calificación de eficiencia energética	Valor del índice de calificación
A	$C < 0,40$
B	$0,40 \leq C < 0,65$

Continúa en página siguiente >>

<< Viene de página anterior

Calificación de eficiencia energética	Valor del índice de calificación
C	$0,65 \leq C < 1,00$
D	$1,00 \leq C < 1,3$
E	$1,3 \leq C < 1,6$
F	$1,6 \leq C < 2$
G	$2 \leq C$

Se otorgará la clase B al edificio tipo 2, al ser el valor de su índice de calificación un valor comprendido entre $0,40 \leq C < 0,65$.

Por el mismo procedimiento se otorgará la clase C al edificio tipo 1, al estar su valor $C = 0,79$ comprendido entre $0,65 \leq C < 1,00$.

10. Ejemplo para la evaluación de la certificación energética en edificios residenciales

Para realizar la certificación de un edificio residencial, ya sea una vivienda unifamiliar o un bloque, o uno del sector terciario de pequeño o mediano tamaño, se deberá seguir el siguiente procedimiento:

CONOCER las instalaciones
térmicas del edificio

↓

DOCUMENTAR el dimensionado
de las instalaciones

↓

DEFINIR el edificio en LIDER

↓

DEFINIR las demandas de ACS

↓

DEFINIR las unidades terminales
de las instalaciones

↓

DEFINIR los equipos y
sistemas usados

↓

CALCULAR la calificación
del edificio

↓

OBTENER el informe de
calificación energética

Definición

Unidad terminal
Reciben ese nombre los equipos encargados de suministrar a la zona que se desea acondicionar la energía necesaria para ello.

Actividades

21. Si se dice que se deben tomar medidas activas para llevar a cabo un ahorro energético, ¿qué se está diciendo? Razonar la respuesta.
22. ¿Y si se indica que se deberán realizar medidas pasivas de ahorro energético?

11. Resumen

Tras desarrollar los diversos procedimientos para obtener la certificación energética de un inmueble, así como los diversos tipos de certificados existentes según el estado del edificio que es objeto de análisis, se deberán tener en cuenta diversos factores que conducirán a la obtención del certificado energético del edificio:

- Posibilidad de poder realizar la obtención de la calificación energética del edificio mediante dos procedimientos. Una opción general, de carácter prestacional, basada en el uso de programas informáticos. Y otra opción simplificada, de carácter prescriptivo, que utiliza una serie de ecuaciones matemáticas.
- Para nuevas construcciones existen diversos tipos de certificados energéticos según la fase en la que se encuentre el edificio en construcción, ya sea en proceso de proyecto, en ejecución o esté terminado.
- Necesidad de llevar a cabo, por parte de los organismos competentes de cada comunidad autónoma, un registro de los certificados emitidos. Además, será necesaria la función de los inspectores, que podrán verificar la autenticidad de los datos expresados en los certificados.
- Existencia de procedimientos para llevar a cabo los distintos procesos de validez del certificado, así como su periodo de renovación y actualización de datos si fuera necesario.
- Estructura de una etiqueta de certificación energética.

Ejercicios de repaso y autoevaluación

1. El valor del indicador energético principal se realizará...

    a. ... a partir de las emisiones anuales de CO_2.
    b. ... a partir de la energía primaria anual.
    c. ... durante un funcionamiento forzado de las instalaciones del edificio.
    d. Las opciones a y b son correctas.

2. Indique cómo se clasifican los edificios según su grado de similitud.

_____
_____
_____
_____

3. Indique si la siguiente afirmación es verdadera o falsa.

    a. La calificación de clase A indica que un edificio tiene las mejores características en lo referente a certificación energética.

        ☐ Verdadero
        ☐ Falso

4. ¿Qué significado tienen las siglas CE3?

_____
_____
_____
_____

5. ¿Cómo se llevará a cabo la certificación energética de edificios de nueva construcción?

_____
_____
_____
_____

6. Indique qué sucedería si tras la ejecución de un edificio se alcanza una calificación inferior a la que se obtuvo en el proyecto.

_____
_____

7. Haga referencia a lo que debería incluir el certificado de eficiencia energética de un edificio terminado.

_____
_____
_____
_____
_____
_____
_____

8. El procedimiento de control de los certificados de eficiencia energética será responsabilidad de...

    a. ... el ayuntamiento de la ciudad donde se ubique el edificio.
    b. ... la comunidad autónoma.
    c. ... el Ministerio de Industria y Turismo.
    d. ... cualquiera de las anteriores, lo importante es que el certificado esté registrado.

9. Si se posee un certificado de eficiencia, tras realizar importantes obras de mejora en una vivienda, ¿se deberían actualizar los datos en el registro?

    a. No, la certificación de un inmueble es única y no podrá modificarse bajo ningún concepto.

    b. Sí, solo únicamente cuando lo consideren oportuno los organismos responsables tras realizar una inspección de control.

    c. Sí, cuando el propietario lo considere adecuado.

    d. Sí, cada 5 años, y como norma general, se deberá llevar a cabo una revisión aunque no se hayan hecho reformas.

10. Haga una relación de los principios que rige el certificado de eficiencia energética.

_____
_____
_____
_____
_____
_____
_____

11. Indique si la siguiente afirmación es verdadera o falsa.

    a. Está permitido, mientras se obtiene el correspondiente certificado, el uso de etiquetas o símbolos que guarden relación con la certificación energética de un edificio aunque este no cumpla con los requisitos.

        ☐ Verdadero
        ☐ Falso

12. Las tablas de soluciones técnicas se clasifican en...

    a. ... viviendas unifamiliares y viviendas en bloques.

    b. ... edificios residenciales y edificios no residenciales.

    c. ... zonas climáticas.

    d. Las opciones a y c son correctas.

13. Defina el concepto de compacidad.

_____

_____

14. Complete la siguiente oración.

En el supuesto de que los _____ del edificio _____
permitan su inclusión en alguna de las _____ propuestas, o bien algunos de sus valores quede indicado mediante _____, el edificio obtendrá
una clase de eficiencia _____.

15. Indique en qué se diferencian los distintos sistemas de climatización estudiados en el transcurso del capítulo.

_____

_____

_____

_____

_____

_____

_____

Capítulo 3

Normativa de eficiencia energética

Contenido

1. Introducción

En este último capítulo se van a desarrollar las distintas normativas existentes en el sector de la eficiencia energética.

En primer lugar, se desglosará toda la normativa referente la eficiencia energética de los edificios y a los procedimientos necesarios para la obtención del certificado de eficiencia energética en edificios de nueva construcción.

Además, se tratan los reglamentos técnicos de edificación en vigor en materia de eficiencia energética como el Código técnico de edificación y el reglamento de instalaciones térmicas en edificios.

Por otra parte, se estudia la Directiva 2010/31/UE, que instaura el concepto de ahorro energético.

2. Real Decreto 47/2007, de 19 de enero y real decreto 235/2013 de 5 de abril

El Real Decreto 47/2007, fue sustituido por el Real Decreto 235/2013, a su vez derogado por el Real Decreto 390/2021, ambos establecían, entre otras cuestiones, el procedimiento de obtención del certificado de eficiencia energética, sus requisitos y validez ya desarrolladas.

En el actual Real Decreto 390/2021, se modifican principalmente los siguientes aspectos:

- Establecimiento de las condiciones técnicas y administrativas que deben regir la realización de las certificaciones de eficiencia energética de los edificios y la correcta transmisión de los resultados obtenidos en este proceso de certificación energética a los usuarios y propietarios de los mismos.
- Condiciones técnicas y administrativas para la aprobación de la metodología de cálculo de su calificación de eficiencia energética, considerando aquellos factores que más incidencia tienen en el consumo de energía

de los edificios, así como para la aprobación de la etiqueta de eficiencia energética como distintivo común en todo el territorio nacional.

■ Promoción de la eficiencia energética en los edificios, así como, que la energía que estos utilicen sea cubierta mayoritariamente por energía procedente de fuentes renovables, con la consiguiente reducción de las emisiones de CO_2 en el sector de la edificación.

En el ámbito de la edificación, quedan excluidos:

a. Edificios protegidos oficialmente por ser parte de un entorno declarado o en razón de su particular valor arquitectónico o histórico, si la modificación puede alterarlo significativamente.

b. Construcciones provisionales con un plazo previsto de utilización igual o inferior a dos años.

c. Edificios industriales, de la defensa y agrícolas no residenciales, o partes de los mismos, de baja demanda energética. Aquellas zonas que no requieran garantizar unas condiciones térmicas de confort, como las destinadas a talleres y procesos industriales, se considerarán de baja demanda energética.

d. Edificios independientes, es decir, que no estén en contacto con otros edificios y con una superficie útil total inferior a 50 m².

e. Edificios que se compren para su demolición.

El contenido de la Certificación de eficiencia energética es el siguiente:

1. La certificación de eficiencia energética se compone de los siguientes elementos:

   a. Documento específico Certificado de Eficiencia Energética del edificio.

   b. Etiqueta de Eficiencia Energética.

   c. Informe de evaluación energética del edificio en formato electrónico (XML).

   d. Documentos o ficheros digitales necesarios para la evaluación del edificio en los procedimientos de cálculo utilizados.

   e. Anexos y cálculos justificativos que pudieran ser necesarios para la correcta interpretación de la evaluación energética del edificio.

   f. Recomendaciones de uso para el usuario.

2. El Certificado de Eficiencia Energética del edificio contendrá al menos la información:

a. Identificación del edificio o de la parte del mismo que se certifica, incluyendo su referencia catastral y, en su caso, la existencia de circunstancias especiales de catalogación arquitectónica.

b. Indicación del procedimiento reconocido al que se refiere el artículo 5 utilizado para obtener la calificación de eficiencia energética.

c. Indicación de la normativa sobre ahorro y eficiencia energética de aplicación en el momento de su construcción.

d. Descripción de las características energéticas del edificio: envolvente térmica, instalaciones técnicas, condiciones normales de funcionamiento y ocupación, condiciones de confort y demás datos utilizados para obtener la calificación de eficiencia energética del edificio.

e. Calificación de eficiencia energética del edificio expresada de acuerdo al documento reconocido de Calificación de la eficiencia energética de los edificios.

f. Recomendaciones de posibles intervenciones para la mejora de los niveles óptimos o rentables de la eficiencia energética de un edificio o de una parte de este. Las recomendaciones incluidas en el certificado de eficiencia energética podrán abordar, entre otras:

1. Las intervenciones recomendadas para la mejora de la envolvente, teniendo en consideración, en su caso, el nivel de protección arquitectónica del edificio.

2. Las medidas de mejora de las instalaciones técnicas del edificio incluyendo, si procede, la recomendación de sustitución de equipos abastecidos por combustibles fósiles por alternativas más sostenibles. Asimismo, se podrán incluir medidas que disminuyan las pérdidas térmicas en las redes de distribución de los fluidos caloportadores.

3. La incorporación de sistemas de automatización y control.

4. La secuencia temporal más adecuada para la realización de las medidas propuestas.

   Las recomendaciones incluidas en el certificado de eficiencia energética serán técnicamente viables e incluirán una estimación de los plazos de recuperación de la inversión, así como también podrán incluir estimaciones sobre las mejoras en las condiciones de confort, salud y bienestar.

g. Fecha de la visita al inmueble y descripción de las pruebas y comprobaciones llevadas a cabo por el técnico competente durante la fase de calificación energética.

Por su parte las comunidades autónomas deben establecer un **órgano de control de los certificados de eficiencia energética** y, al igual que en el anterior real decreto, un registro de los mismos, estableciendo una serie de inspecciones programadas.

También debe mantener un periodo de validez de 10 años y de 5 años para los casos de eficiencia G.

En el Anexo 1 se encuentra el Modelo relativo a la autorización de la auditoría energética.

3. Código Técnico de la Edificación

El Código Técnico de la Edificación (CTE) establece, en materia de seguridad y habitabilidad, la normativa que debe cumplirse en la construcción de edificios. Para ello se tratarán durante el desarrollo del mismo diversas exigencias básicas entre las que se encuentra el ahorro de energía.

EXIGENCIAS BÁSICAS INCLUIDAS EN EL CTE (CÓDIGO TÉCNICO DE LA EDIFICACIÓN)	
Seguridad	Habitabilidad
Estructural	Salubridad
Contra incendios	Protección frente al ruido
Utilización	Ahorro de energía

Básicamente, el desarrollo de esta normativa buscará promover un desarrollo energético sostenible a la vez que facilitar un hábitat confortable para el usuario.

3.1. Documento básico de ahorro energético

En el estudio de este documento básico se tratarán aspectos diversos como el establecimiento de las reglas y los procedimientos que permitirán cumplir con unas determinadas exigencias previamente establecidas.

Estas exigencias se clasifican en cinco secciones cuyo cumplimiento ratifican el ahorro energético:

- **HE 1:** limitación de demanda energética. Se establecen en esta exigencia los requisitos que deberán cumplir las envolventes de los edificios para proporcionar un adecuado bienestar térmico a los ocupantes del interior.
- **HE 2:** rendimiento de las instalaciones térmicas. Esta exigencia está encaminada a proporcionar a los usuarios de los edificios un bienestar térmico adecuado.
  Nota: esta exigencia se desarrolla en el RITE (Reglamento de Instalaciones Térmicas en los Edificios).
- **HE 3:** eficiencia energética de las instalaciones de iluminación. Se desarrollan aquí las características necesarias que deberá disponer el alumbrado para proporcionar al usuario una iluminación adecuada. Para ello se hará uso de sistemas que permitan iluminar únicamente las zonas ocupadas y optimizar la luz natural.
- **HE 4:** contribución solar mínima de agua caliente sanitaria. Mediante esta exigencia se darán las indicaciones para que aquellos edificios en los que se prevea el uso de agua caliente sanitaria, o bien de piscina cubierta, una parte de la energía demandada se cubra mediante el uso de energía solar.
- **HE 5:** contribución fotovoltaica mínima de energía eléctrica. Se indicarán en esta exigencia la inclusión de sistemas solares de captación y la transformación en energía eléctrica para su aprovechamiento posterior por el usuario o bien su inclusión a la red eléctrica general. Al igual que

para la exigencia HE 4, los valores indicados tendrán la consideración de mínimos.

Actividades

1. Buscar información referente al Documento Básico de Ahorro de Energía contenido en el CTE.
2. Haciendo uso del anterior documento, identificar en el mismo las tres exigencias básicas establecidas en el artículo 15.
3. Realizar un mapa conceptual sobre las distintas exigencias básicas anteriormente expuestas.

3.2. Limitación de la demanda energética (HE 1)

Este Documento Básico de Ahorro Energético expresa las indicaciones necesarias para reflejar la necesidad de que los edificios puedan limitar la demanda energética a través de su envolvente, consiguiendo así alcanzar unas condiciones óptimas de bienestar en su interior. Para ello se estudiarán factores como:

- El clima de la zona en el que se ubica el edificio.
- El uso al que esté destinado.
- Las características del aislamiento.
- El tiempo y el tipo de exposición a los rayos solares.

Recuerde

Esta limitación se llevará a cabo en edificios de nueva construcción o en reformas de edificios ya construidos que posean una superficie útil superior a 1.000 m² donde se rehabilite más del 25 % del total de los cerramientos.

3.3. Rendimiento de las instalaciones térmicas (HE 2)

Como ya se ha comentado, esta exigencia básica HE 2 se ha desarrollado completamente en el Reglamento de Instalaciones Térmicas en los Edificios (RITE). En el citado reglamento se establecen todas las características que deben cumplir las instalaciones de calefacción, climatización y de agua caliente sanitaria para proporcionar un adecuado confort al usuario de un edificio. Sus principales características son:

- Montaje de sistemas de control individual en instalaciones de uso colectivo.
- Sustitución de fuentes de energía contaminantes para la alimentación de equipos generadores.
- Incorporación de equipos generadores con certificación energética más eficiente.
- Mejora en los aislamientos de equipos y canalizaciones de los fluidos destinados a mejorar el consumo energético.
- Incorporación del uso de energías renovables como la energía solar y la biomasa.

Nota

El RITE se aprueba en el Real Decreto 1027/2007.

Actividades

4. Buscar información referente al Reglamento de Instalaciones Térmicas en los Edificios (RITE).
5. Identificar en el mismo los seis objetivos necesarios para cumplir con el artículo 12 referente a la eficiencia energética.

3.4. Eficiencia energética en las instalaciones de iluminación (HE 3)

En este apartado se tratarán las medidas oportunas para llevar a cabo una correcta eficiencia energética en instalaciones de alumbrado interior. Estas medidas se llevarán a cabo en las siguientes circunstancias:

- Construcción de nuevos edificios.
- Cuando se realice la renovación de más del 25% de la luminaria interior en aquellas rehabilitaciones de edificios que tengan una superficie útil superior a 1.000 m².
- Cuando se renueven las instalaciones de iluminación en edificios o locales de uso administrativo.

No obstante, esta exigencia tendrá diversas exclusiones en lo referente a las instalaciones a ejecutar tal y como se muestra en la siguiente tabla. En todas estas circunstancias se deberán justificar otras medidas para poder llevar a cabo el ahorro energético.

EXCEPCIONES PARA EL CUMPLIMIENTO DE LA HE 3	
Excepciones	Descripción
1	Cuando se altere el aspecto de edificios o monumentos con valor histórico/arquitectónico
2	Construcciones provisionales para un uso ≤2 años
3	Cuando se traten de instalaciones no residenciales
4	En edificios independientes con superficie útil <5m²
5	Instalaciones interiores de viviendas

Importante

Se excluirán de estas instalaciones los alumbrados de emergencia.

Para comprobar el correcto desarrollo de esta sección, y cumplir con el ahorro energético, se deberán llevar a cabo diversas verificaciones cuyo contenido se detalla en tres apartados:

- No superar los valores límite en lo referente al cálculo del valor de eficiencia energética de la instalación indicado por las siglas VEEI. Se calculará mediante la siguiente expresión:

$$VEEI = \frac{P \cdot 100}{S \cdot E_m} = (W/m^2)$$

Donde:

- **P:** potencia de la lámpara más el equipo auxiliar (W).
- **S:** superficie iluminada (m^2).
- **E_m:** iluminancia media (lux).

Para establecer los valores límite se procederá previamente a encuadrar las instalaciones de iluminación en dos grupos. Por una parte (zona 1), se agruparán aquellas en las que prevalecen los criterios de iluminación, seguridad o confort visual. Y por otra (zona 2), prevalecen los criterios de eficiencia energética frente a los anteriormente citados. Así, podrán indicarse unos valores límite de eficiencia energética. En la siguiente tabla se indican algunos de ellos.
Nota: estos valores no incluyen las zonas de iluminación destinadas a escaparates o expositores.

VALORES LÍMITE DE EFICIENCIA ENERGÉTICA		
Zona	**Actividad de la zona**	**Valor límite VEEI**
1	Recintos administrativos, andenes de estaciones y pabellones de exposición	3,5
	Aulas y laboratorios	4
	Habitaciones de hospitales	4,5
	Almacenes, aparcamientos y espacios deportivos	5
2	Estaciones de transporte, supermercados, bibliotecas y museos	6
	Zonas comunes de edificios residenciales	7,5
	Hostelería y centros religiosos	10
	Habitaciones de hoteles	12

■ Verificar la instalación de un sistema de control y regulación que aproveche el uso de luz natural en cada una de las zonas del edificio que es objeto de control. Para ello, cada zona de uso general deberá poseer un sistema de encendido/apagado manual. Además, las de uso esporádico deberán tener un dispositivo de detección de presencia o temporización. **Nota:** un habitáculo con luminaria conectada en el que no hay personas es un gasto inútil.

Detector de presencia y temporizador de iluminación

Como sistema para el aprovechamiento de la luz natural se regularán las luminarias ubicadas a una distancia inferior a 3 metros de la ventana y las ubicadas bajo lucernarios en función de la luz solar. Para ello se hará uso de sensores crepusculares que, en función de la luz solar detectada, regularán la intensidad de la luz de las luminarias que tienen bajo control. **Nota:** se excluyen las zonas comunes de los edificios residenciales, habitaciones de hoteles y hospitales y pequeños comercios.

Sistema de lamas de vidrio que combina un aprovechamiento óptimo de la luz solar con un diseño funcional.

■ Existencia de un plan de mantenimiento de las instalaciones encaminado a garantizar que durante un transcurso de tiempo determinado las características de la instalación estarán en perfectas condiciones. Entre las medidas se incluirán el cambio y la limpieza de luminarias.

Actividades

6. ¿Por qué sería necesario llevar a cabo un sistema eficiente de iluminación? Indicar diversos motivos para su diseño.
7. Buscar información sobre las lámparas halógenas con xenón y LED. Comparar sus características.

Aplicación práctica

Como trabajador de una empresa de estudios energéticos le corresponde la tarea de responder a la llamada de un restaurante que ha detectado las siguientes anomalías y pide resolverlas para ahorrar en la factura eléctrica:

I Los clientes, al salir del baño, suelen dejar la luz encendida.

I El sistema de ventilación de los baños está continuamente encendido.

I En las zonas comunes próximas a las ventanas se malgasta la energía al mantener siempre encendida la luminaria.

Tras lo estudiado anteriormente, ¿que propondría para solucionar las incidencias?

SOLUCIÓN

Mediante el uso de un detector de presencia, las luces se apagarían o encenderían al entrar en el baño.

Se haría uso de un temporizador para regular el encendido y apagado automático del extractor del baño.

Con el uso de un sensor crepuscular se regularía la línea de luminarias ubicada junto a las ventanas.

3.5. Contribución solar mínima de agua caliente sanitaria (HE 4)

Esta sección será de aplicación para aquellos casos en los que se prevea el uso de agua caliente sanitaria o la climatización de piscinas cubiertas en edificios rehabilitados o de nueva construcción. No obstante, puede darse la excepción de evitar el uso de la contribución solar en diversas situaciones:

- Cuando se haga uso de energías renovables para el aporte energético.
- Cuando el edificio esté ubicado junto a barreras que impidan su acceso a la luz solar.
- Por imposibilidades, bien arquitectónicas o de construcción, no puedan instalarse las superficies de captación.

 Definición

Captador
Dispositivo que se utiliza para absorber la radiación solar y transmitir la energía térmica a un fluido que circula por su interior.

En las situaciones anteriores se deberá justificar el uso de otras medidas correctoras que produzcan un ahorro energético. Se hará uso de mejoras de aislamiento térmico y rendimiento de los equipos.

Para verificar el correcto desarrollo de esta se deberán llevar a cabo diversas verificaciones cuyo contenido se indica en los siguientes tres apartados.

Obtención de la contribución solar mínima

Se obtiene dividiendo el valor de la energía solar aportada exigida entre la demanda de energía, y todo ello de forma anual. Para su cálculo numérico se indican los siguientes valores tabulados para cada zona climática y según qué niveles característicos de demanda de agua caliente sanitaria (ACS) y tipo de apoyo de energía. Como referencia, se tomará el agua caliente a 60 ºC.

CONTRIBUCIÓN SOLAR MÍNIMA TENIENDO COMO FUENTE DE CALOR DE APOYO UN COMBUSTIBLE GASEOSO					
Consumo de ACS (litro/día)	Zona climática				
	I	II	III	IV	V
50/5.000	30	30	50	60	70
5.000/6.000			55	65	
6.000/7.000		35	61	70	
7.000/8.000		45	63		
8.000/9.000		52	65		
9.000/10.000		55	70		
10.000/12.500		65			
12.500/15.000		70			
15.000/17.500	35				
17.500/20.000	45				
>20.000	52				

Nota

Estos valores numéricos son de carácter mínimo, que en caso voluntario pueden ser ampliados.

En caso de que se utilice como apoyo de energía un termo eléctrico se tomarán en consideración los siguientes valores:

CONTRIBUCIÓN SOLAR MÍNIMA TENIENDO COMO FUENTE DE CALOR DE APOYO EL SUMINISTRO ELÉCTRICO					
Consumo de ACS (litro/día)	Zona climática				
	I	II	III	IV	V
50/1.000	50	60			
1.000/2.000	50	63			
2.000/3.000	50	66			
3.000/4.000	51	69	70		
4.000/5.000	58				
5.000/6.000	62	70			
>6.000	70				

En caso de utilizarse agua caliente para la climatización de una piscina cubierta se deberá cumplir con los siguientes parámetros:

CONTRIBUCIÓN SOLAR MÍNIMA PARA EL USO DE PISCINA CUBIERTA					
Consumo de ACS (litro/día)	Zona climática				
	I	II	III	IV	V
50/1.000	30	30	50	60	70

En lo que se refiere a las pérdidas debidas a una inclinación o a la existencia de sombras se cumplirán los siguientes valores:

VALORES LÍMITE DE PÉRDIDAS			
Casos	Orientación e inclinación (%)	Sombras (%)	Total (%)
General	10	10	15
Superposición	20	15	30
Integración arquitectónica	40	20	50

 Definición

Superposición
Se habla de superposición cuando los captadores se ubican de forma paralela a la envolvente del edificio.

 Actividades

8. Según lo estudiado hasta el momento sobre la superposición, ¿aceptaría un montaje horizontal de las placas para favorecer una adecuada autolimpieza? Razonar su respuesta.

Verificación de las condiciones de diseño y dimensionado

Una instalación solar térmica puede definirse como un sistema capaz de captar la radiación solar, transformarla en energía térmica y almacenarla para poder utilizarla en los puntos de consumo.

Partes de una instalación solar térmica

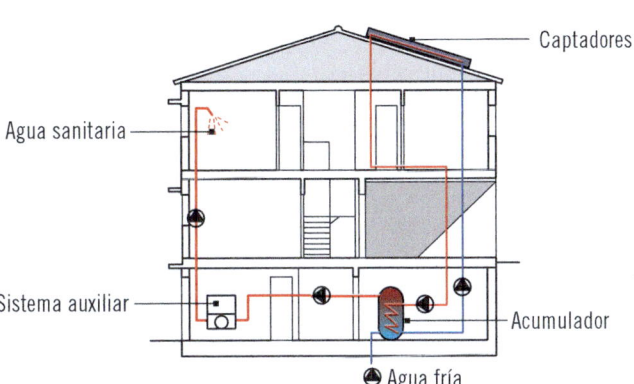

Para su correcto funcionamiento, se deberán comprobar diversos factores:

- Uno de sus principales objetivos es optimizar el ahorro energético de la instalación haciendo uso de los restantes sistemas energéticos como sistemas de apoyo.
- Se deberá alcanzar una temperatura de 60 °C, no admitiéndose la presencia de acero galvanizado.
- El fluido de trabajo deberá tener un pH a 20 °C entre 5 y 9.
- Las partes de la instalación que vayan a ser expuestas al exterior deberán soportar las inclemencias meteorológicas sin afectar al normal funcionamiento de la instalación.
- La instalación deberá poseer sistemas de protección contra sobrecalentamientos, bien sean manuales o automáticos.
- Se instalará un sistema que permita controlar la temperatura en el punto de consumo a un máximo de 60 °C.

Medidas de mantenimiento

Con el desarrollo de estas actuaciones se persigue mantener el correcto funcionamiento de las instalaciones dentro de un rango óptimo. Asimismo, se llevará a cabo un plan de vigilancia y de mantenimiento preventivo.

Este proceso de mantenimiento se reflejará en un libro de mantenimiento, donde se indicarán, entre otros conceptos, las operaciones realizadas y las medidas adoptadas.

Importante

Al igual que para la sección de ahorro energético en instalaciones de iluminación, el plan de mantenimiento deberá llevarse a cabo únicamente por personal cualificado.

A continuación se muestran diversas tablas donde se reflejan las opciones de mantenimiento así como su frecuencia de inspección.

PROTOCOLO DE MANTENIMIENTO PARA SISTEMAS DE CAPTACIÓN

Frecuencia	Equipo	Descripción
6 MESES	CAPTADORES	Inspección visual en comparación con uno original
	CRISTALES	Inspección visual en la existencia de condensaciones y suciedad
	JUNTAS	Inspección visual en la existencia de grietas
	ABSORBEDOR	Inspección visual en la existencia de corrosión
	CARCASA	Inspección visual en la existencia de deformaciones
	CONEXIONES	Inspección visual en la aparición de fugas
	ESTRUCTURA	Inspección visual en la conservación
12 MESES	CAPTADORES	Realizar tapado/destapado y llenado/vaciado

PROTOCOLO DE MANTENIMIENTO PARA SISTEMAS DE ACUMULACIÓN E INTERCAMBIO

Frecuencia	Equipo	Descripción
12 MESES	DEPÓSITOS	Verificar la no existencia de lodos en el depósito
	ÁNODOS DE SACRIFICIO	Inspección visual del desgaste
	ÁNODOS DE CORRIENTE IMPRESA	Verificar el correcto funcionamiento
	AISLANTE	Verificar la no presencia de humedades
	INTERCAMBIADOR DE CALOR Y PLACAS	- Verificar un correcto funcionamiento - Realizar tareas de limpieza de los elementos que lo componen

PROTOCOLO DE MANTENIMIENTO PARA EL CIRCUITO HIDRÁULICO

Frecuencia	Equipo	Descripción
6 MESES	VASOS DE EXPANSIÓN	Comprobar los valores presión y nivel
6 MESES	SISTEMA DE LLENADO	Verificar un correcto funcionamiento
6 MESES	PURGADOR MANUAL	Realizar el vaciado del aire del botellín
12 MESES	AISLAMIENTOS	Inspección visual del estado
12 MESES	VÁLVULAS DE CORTE Y SEGURIDAD	Verificar un correcto proceso de apertura/cierre
12 MESES	BOMBA	Verificar una correcta estanqueidad
12 MESES	PURGADOR AUTOMÁTICO	Verificar su correcto funcionamiento
12 MESES	FLUIDO REFRIGERANTE	Verificar el valor de la densidad y pH
24 MESES	ESTANQUEIDAD	Realizar prueba de presión

 **Nota**

Para los aislamientos exteriores se llevará a cabo una revisión cada 6 meses.

PROTOCOLO DE MANTENIMIENTO PARA LOS SISTEMAS ELÉCTRICO, DE CONTROL Y ENERGÍA AUXILIAR		
Frecuencia	Equipo	Descripción
12 MESES	CUADRO ELÉCTRICO	Comprobar el cierre y la estanqueidad del cuadro
	DIFERENCIALES	Verificar un correcto funcionamiento
	TERMOSTATO	
	SISTEMAS DE MEDIDA	
	SISTEMA AUXILIAR	
	SONDA DE TEMPERATURA	

3.6. Contribución fotovoltaica mínima de energía eléctrica (HE 5)

Con la normativa actual, los edificios que se indican a continuación deberán disponer de sistemas de energía fotovoltaica según unos límites de construcción previamente establecidos:

PROTOCOLO DE MANTENIMIENTO PARA LOS SISTEMAS ELÉCTRICO, DE CONTROL Y ENERGÍA AUXILIAR	
Tipología de edificio	Límite de construcción
Supermercado	5.000 m²
Centro de ocio	3.000 m²

Continúa en página siguiente >>

<< Viene de página anterior

PROTOCOLO DE MANTENIMIENTO PARA LOS SISTEMAS ELÉCTRICO, DE CONTROL Y ENERGÍA AUXILIAR

Tipología de edificio	Límite de construcción
Naves industriales de almacenamiento	10.000 m²
Uso administrativo	4.000 m²
Hostales y hoteles	100 plazas
Centros médicos	100 camas
Recintos de ferias	10.000 m²

La cantidad de energía eléctrica que deberá producirse en aplicación de este apartado podrá ser disminuida, o bien no tenida en consideración, según ciertas circunstancias del edificio:

■ En casos en los que la producción eléctrica se realice mediante otros tipos de energías renovables.

■ Cuando el edificio no cuente con un acceso al sol debido a barreras arquitectónicas.

■ Cuando la rehabilitación o la construcción del edificio impida la colocación de los elementos necesarios para la captación debido a las normativas urbanísticas. En tal caso, se deberán justificar medidas compensatorias.

■ Cuando por protección histórica del edificio así se determine.

 Actividades

9. Buscar información sobre la realización de medidas compensatorias en los casos en los que no pueda ubicarse una instalación de captadores solares. Diferenciar según las diversas instalaciones:

  ı Sistemas de iluminación.
  ı Equipos de regulación de arranque de motores.

Al igual que para el caso anterior, se deberán cumplir ciertas características para verificar un correcto desarrollo de esta sección. Su contenido se desarrolla en los siguientes apartados:

Determinación de la potencia a instalar en función de la zona climática

Del mismo modo que para casos anteriores, el valor obtenido tendrá carácter de mínimo, pudiendo ser ampliado de forma voluntaria. El valor de esta potencia eléctrica necesaria se obtendrá de la siguiente expresión matemática:

$$P = C \cdot (A \cdot S + B) \text{ (kwp)}$$

Donde:

- **P:** potencia pico a instalar.
- **A y B:** valores tabulados en función del uso del edificio.
- **C:** valor tabulado en función de la zona climática.
- **S:** superficie construida del edificio (m^2).

DETERMINACIÓN DE COEFICIENTES

Tipología/zona climática	Tipo de coeficiente		
	A	B	C
Supermercado	0,001875	-3,13	-
Centro de ocio	0,004688	-7,81	-
Naves industriales de almacenamiento	0,001406		
Uso administrativo	0,001223	1,36	-
Hostales y hoteles	0,003516	-7,81	-
Centros médicos	0,000740	3,29	-

Continúa en página siguiente >>

<< Viene de página anterior

DETERMINACIÓN DE COEFICIENTES

Tipología/zona climática	Tipo de coeficiente		
	A	B	C
Recintos de ferias	0,001406	-7,81	-
I	-	-	1
II	-	-	1,1
III	-	-	1,2
IV	-	-	1,3
V	-	-	1,4

Importante

La potencia pico mínima que deberá instalarse será de 6,25 kWp.

En referencia a las pérdidas por una inclinación o la existencia de sombras, se utilizarán los mismos criterios que los indicados anteriormente y que se resumen en la siguiente tabla:

VALORES LÍMITE DE PÉRDIDAS

Casos	Orientación e inclinación (%)	Sombras (%)	Total (%)
General	10	10	15
Superposición	20	15	30
Integración arquitectónica	40	20	50

No obstante, en los casos en los que no pueda instalarse la potencia exigida, se estudiarán las diversas configuraciones del edificio para ubicarlo en la posición de mayor producción.

Pérdidas en las placas

Se identificarán las pérdidas originadas por una inadecuada orientación de las placas o por sombras sobre estas. Sus valores no deberán superar a los indicados en la tabla anterior.

 Definición

Integración arquitectónica de módulos fotovoltaicos.
Son aquellos módulos fotovoltaicos que cumplen dobles funcionalidades, tanto arquitectónicas como energéticas. Estos elementos sustituyen a otros tradicionales en la construcción.

Condiciones de mantenimiento

Para asegurar una correcta vida útil de nuestra instalación, y así garantizar un adecuado funcionamiento, se llevarán a cabo los siguientes protocolos:

- **Plan de vigilancia:** llevando a cabo un seguimiento y verificando que los valores indicados en la diversa instrumentación corresponden con los valores normales de funcionamiento.
- **Plan de mantenimiento preventivo:** realizando operaciones de inspección visual que permitan mantener la durabilidad de las instalaciones. Este plan ha de cumplir diversos requisitos:

  - Únicamente deberá realizarse por personal técnico cualificado.
  - Se llevará un control en el correspondiente libro de mantenimiento.
  - Se incluirán las operaciones de materiales desgastados.
  - Se cumplirá al menos el siguiente calendario:

PLAN DE MANTENIMIENTO PREVENTIVO

Frecuencia	Equipo	Descripción
6 MESES	PROTECCIONES ELÉCTRICAS	Verificar su correcto funcionamiento
	MÓDULOS	Verificar el estado de las conexiones y la adecuación al proyecto inicial
	INVERSOR	Comprobar su funcionamiento y el estado de las lámparas de señalización y las alarmas
	CABLES Y TERMINALES	Verificar el estado de bornes, transformadores y ventilación interior

 Aplicación práctica

Según lo estudiado hasta el momento en materia de ahorro energético, ¿qué elementos serían clave en una vivienda y cómo se mejorarían?

SOLUCIÓN

Por una parte, los elementos constructivos como fachadas, cubiertas, huecos, etc. Para mejorarlos, se podría optar por sustituir las ventanas o los elementos ubicados en los huecos.

Por otra, los elementos destinados a las instalaciones de climatización y producción de agua caliente sanitaria. Para mejorarlos, se optaría por unos equipos de mejores calidades energéticas.

4. Directrices europeas y recomendaciones relativas a la eficiencia energética de los edificios

Para intentar cumplir con el Protocolo de Kioto sobre el cambio climático, la Unión Europea ha adquirido como compromiso mantener por debajo de los 2 °C el aumento de la temperatura de calentamiento. Para ello, está desarrollando diversas normativas con el objetivo de fomentar el uso de las energías renovables y llevar a cabo un consumo responsable de la energía.

4.1. Directiva 2002/91/CE, de 16 de diciembre de 2002

Esta directiva ya derogada por la Directiva 2010/31/UE del Parlamento Europeo y del Consejo, de 19 de mayo de 2010 , relativa a la eficiencia energética de los edificios) determinó que los usuarios que fueran a adquirir un inmueble debían disponer de un certificado de calificación energética para conocer qué consumo energético supondría su uso. Para su aplicación a la normativa española se elaboraron tres disposiciones:

- Real Decreto 314/2006, por el que se aprueba el Código Técnico de la Edificación (CTE).
- Real Decreto 1027/2007, por el que se aprueba el Reglamento de Instalaciones Térmicas en los Edificios (RITE).
- Real Decreto 47/2007, por el que se aprueba el proceso para la certificación de eficiencia energética de edificios de nueva construcción. Fue derogado por el Real Decreto 235/2013, de 5 de abril y este a su vez por el actual Real Real Decreto 390/2021, de 1 de junio.

4.2. Directiva 2010/31/UE, de 19 de mayo de 2010

Esta directiva, teniendo en consideración los nuevos avances tecnológicos, supone la derogación de la anterior Directiva 2002/91/CE referente a la eficiencia energética.

En esta nueva directiva se hace especial hincapié en la necesidad de elaborar medidas para mejorar la eficiencia energética en edificios. Es por ello que se tratan diversos artículos, entre los que destacan:

- Se han tener en consideración diversos parámetros de calefacción, aire acondicionado, energías renovables, sombreado, calidad del aire, iluminación natural y sombreado.

- Otorga a cada país la responsabilidad de establecer unos parámetros mínimos de eficiencia energética. Estos requisitos deberán ser revisados periódicamente.
- Indica la necesidad de otorgar a la persona que alquile o compre un inmueble datos fehacientes sobre la eficiencia energética de la propiedad y la emisión de dióxido de carbono, así como consejos de cómo mejorarla.
- Obliga a la aportación de un certificado de eficiencia energética para los edificios que se construyan, vendan o alquilen.

 Nota

Estas medidas no afectarán a otras obligaciones de normativa como son contraincendios y accesibilidad.

 Actividades

10. Averiguar si últimamente se ha puesto en marcha alguna campaña en su localidad o provincia para incentivar la instalación de elementos estructurales que mejoren la eficiencia energética de su vivienda.

El fin perseguido por esta directiva era que, antes del 31 de diciembre de 2020, todos los edificios de nueva construcción tuvieran un consumo de energía casi nulo. Además, después del 31 de diciembre de 2018, los edificios públicos certificar un consumo de energía casi nulo. Esta directiva tiene su transposición a la legislación española mediante la aprobación del Real Decreto 325/2013.

Actividades

11. Reflexionar sobre las siguientes cuestiones:

ı ¿Es viable que se cumplan los requisitos sobre consumo de energía casi cero?
ı ¿Qué opina de que cada país actúe por separado para poder llevar a cabo la normativa?

4.3. Recomendaciones relativas a la eficiencia energética

Dentro de la Directiva 2010/31/UE se establece que el certificado de eficiencia energética deberá contener recomendaciones encaminadas a mejorar la calificación energética del edificio. Estas recomendaciones deberán hacer referencia a diversos factores:

■ Medidas de aplicación para la reforma de las envolventes o las instalaciones de un edificio.
■ Medidas de menor importancia para la reforma de elementos del edificio, con independencia de la anterior.
■ Que las recomendaciones indicadas sean totalmente viables en el edificio sobre el que se está actuando con una estimación de plazos de recuperación de la inversión ejercida.
■ Estas recomendaciones podrán estar basadas en una comparación que se realice con una mejor instalación disponible o con otra instalación de características similares en la que todos los componentes alcancen un mejor nivel de eficiencia energética.

5. Calificación y certificación energética de los edificios

Como ya se ha indicado anteriormente, el concepto de **calificación energética** viene a indicar el consumo de energía que se supone necesario para satisfacer una demanda energética de un determinado edificio bajo unas condiciones normales de funcionamiento.

En el ya citado Real Decreto 235/2013 se establecieron los procedimientos básicos para realizar la certificación de la eficiencia energética en edificios de nueva construcción y ya existentes.

Nota

Los registros serán elaborados por cada comunidad autónoma.

Mediante el Real Decreto 235/2013 se establece que será competencia de las comunidades autónomas llevar a cabo el procedimiento en materia de certificación energética. Se creará de este modo un registro que permitirá llevar a cabo los trabajos de inspección, control técnico y administración en lo referente a los certificados de eficiencia energética.

Es por ello que se aprueban las siguientes órdenes en cada comunidad autónoma.

Orden de 25 de junio de 2008 (BOJA)

Mediante la publicación de esta orden se crea el Registro Electrónico de Certificados para la eficiencia energética en edificios de nueva construcción ubicados en terrenos de la Comunidad Autónoma andaluza. Además, se procede a regularizar su organización y funcionamiento. De este modo, la Junta de Andalucía será la responsable de garantizar la información objetiva sobre la adquisición de nuevas viviendas ya sean para alquiler o venta. Este registro tendrá diversas funciones:

- Únicamente incluirá información sobre la eficiencia energética del edificio.
- Será de obligada inscripción por parte del promotor o el propietario.

■ Deberá realizarse en las fases de proyecto y como edificio terminado. Sus formatos y contenidos se ajustarán a los modelos normalizados que se incluyen como anexos en la presente orden.

Página web de Junta de Andalucía donde se realizan los registros de certificados energéticos

Esta tramitación del registro podrá llevarse a cabo a través dos vías:

■ **Presentación telemática:** a través de la dirección de internet www.juntadeandalucia.es/servicios/sede/tramites/procedimientos/detalle/1807.html#toc-c-mo-realizar-el-tr-mite podrán cumplimentarse los anexos II y III.
Se deberá disponer de un certificado de identificación para llevar a cabo este procedimiento.

■ **Presentación presencial:** toda la documentación será presentada en los registros generales de las delegaciones provinciales de la Consejería de Industria, Energía y Minas.

Recuerde

Únicamente podrá realizarse por el promotor o el propietario.

Independientemente del proceso elegido para su tramitación, la solicitud deberá estar acompañada de la siguiente documentación:

DOCUMENTACIÓN A APORTAR JUNTO CON LA SOLICITUD	
Inscripción del certificado del proyecto	**Inscripción del certificado de edificio terminado**
Certificado de eficiencia energética firmado por el proyectista	Certificado de eficiencia energética firmado por la dirección de obra
Proyecto de las instalaciones térmicas	Visado del correspondiente colegio profesional
Visado del correspondiente colegio profesional	Poder de representación (si fuera necesario)
Poder de representación (si fuera necesario)	

Importante

La solicitud correspondiente a la eficiencia energética del proyecto deberá presentarse ante el Registro antes de la presentación del proyecto de ejecución. La solicitud correspondiente a la eficiencia energética del edificio terminado deberá presentarse ante el Registro antes de solicitar la licencia de primera ocupación.

Decreto 26/2009, de 3 de marzo (BOC)

Mediante la aprobación de este decreto se crea el Registro Electrónico de Certificados para la eficiencia energética en edificios de nueva construcción ubicados en el ámbito de la Comunidad Autónoma de Canarias. Además, se procede a regularizar su organización y funcionamiento. Se establecen en él distintas funciones:

- Clarificar la emisión y el alcance de los certificados por técnicos competentes.
- Regular los formatos de los citados certificados y las etiquetas de eficiencia energética.
- Creación del Registro Oficial de Certificados y su procedimiento.

De igual modo que en el caso anterior, la tramitación se podrá realizar a través de la vía telemática o bien mediante una presentación presencial.

Decreto 115/2018 , de 24 de julio, por el que se regulan las actuaciones en materia de certificación de eficiencia energética de edificios en la Comunidad Autónoma de Extremadura y se crea el Registro de Certificaciones de Eficiencia Energética de Edificios

Este decreto establece los procedimientos reguladores para el registro de la eficiencia energética de edificios en la Comunidad Autónoma de Extremadura. Como particularidad, se incluyen indicaciones para fomentar la eficiencia energética:

- Fomentar el uso de las energías renovables.
- Fomentar la mejora en procesos de edificación e instalaciones.
- Incentivar la aplicación de nuevas tecnologías en las instalaciones propias de la edificación.
- Formación continua de los trabajadores.
- Adaptar las empresas y los trabajadores a las exigencias del mercado.
- Compatibilidad entre proceso de construcción/prevención de riesgos/ medio ambiente.
- Difundir los conceptos de la certificación energética.

Decreto 25/2019, de 26 de febrero, de certificación de la eficiencia energética de los edificios en la Comunidad Autónoma del País Vasco, su procedimiento de control y registro

Con este real decreto, se actualiza la normativa relativa a la certificación de la eficiencia energética del territorio del País Vasco y sus apartados más importantes respecto a los anteriores reales decretos son:

- Certificación de eficiencia energética.
- Control de los certificados de eficiencia energética.

Registro.

- Etiquetado e información.
- Planes de inspección y cooperación administrativa.
- Asignación de posibles infracciones y sanciones al respecto.

Decreto 128/2016 , de 25 de agosto, por el que se regula la certificación energética de edificios en la Comunidad Autónoma de Galicia

El decreto regula la certificación energética de los edificios, el control técnico y administrativo de esta certificación, la etiqueta de eficiencia energética y la información a las personas consumidoras y usuarias. Asimismo, regula el Registro de Certificados de Eficiencia Energética de Edificios de la Comunidad Autónoma de Galicia, creado en el Decreto 42/2009, de 21 de enero, incluyendo en su objeto la comunicación de los certificados de eficiencia energética, tanto de los edificios o partes del edificio de nueva construcción como existentes. Este registro será público, ofreciendo información sobre las características energéticas de los edificios cuyos certificados se encuentran registrados.

Decreto 39/2015, de 2 de abril, del Consell, por el que se regula la certificación de la eficiencia energética de los edificios

La adaptación de la normativa autonómica en materia de certificación de eficiencia energética de edificios al Real Decreto 235/2013, de 5 de abril, por el que se aprobó el Procedimiento Básico para la Certificación de la Eficiencia Energética de los Edificios.

Decreto que, aunque aún vigente, es probable que sufra una modificación para adaptar algunas cuestiones al Real Decreto 390/2021 que deroga el Real Decreto 235/2013.

Decreto 29/2014, de 08/05/2014, por el que se regulan las actuaciones en materia de certificación de la eficiencia energética de los edificios en la Comunidad Autónoma de Castilla-La Mancha y se crea el Registro Autonómico de Certificados de Eficiencia Energética de Edificios de Castilla-La Mancha

El proceso previsto para alcanzar estos objetivos consiste en la obtención de una calificación energética y su certificación para el proyecto y el edificio terminado, sea éste de nueva construcción o existente, o parte del mismo, y el derecho al uso de una etiqueta acreditativa de dicha calificación.

Los certificados de proyectos, edificios terminados y edificios existentes, o de parte de estos, se integran en un Registro de carácter público con el propósito de ofrecer a los posibles compradores o arrendatarios del edificio una información relevante acerca del comportamiento energético del mismo"

"Establece la obligatoriedad de comunicarse con el Registro por medios electrónicos cuando el promotor o propietario del edificio para el que se solicita el registro de un certificado sea una persona jurídica, cuando la solicitud de registro se formule por una persona jurídica, o cuando se solicite la inscripción de certificados por el técnico competente, en representación del propietario o promotor, dado que se considera que por su capacidad técnica y dedicación profesional tienen garantizado el acceso y disponibilidad de los medios tecnológicos precisos para ello."

Decreto 55/2011, de 15 de septiembre (BOCYL)

Este decreto establece en la Comunidad de Castilla y León los trámites necesarios para la certificación:

- Gestión de un registro de certificaciones energéticas.
- Realizar un procedimiento de control externo así como las inspecciones necesarias para velar por su correcto desarrollo.
- Indicar las condiciones específicas para conceder las renovaciones o las actualizaciones de los certificados expedidos.

Orden Foral 199/2013, de 30 de mayo, de la Consejera de Economía, Hacienda, Industria y Empleo, por la que se modifica el Registro de certificados de eficiencia energética de edificios

Mediante esta orden se crea el Registro Administrativo de los certificados de eficiencia energética en Navarra mediante diversos artículos, entre los que destacan:

- Obligación de inscribirse en el registro a todo promotor o propietario de edificio que se construya en la Comunidad Foral de Navarra y que cumpla con los requisitos indicados en el Real Decreto 235/2013.
- Esta solicitud se deberá presentar con anterioridad al proyecto de ejecución para poder otorgarse la licencia de obra.

 Aplicación práctica

Como propietario de una vivienda adosada en el núcleo Residencial Princesa Zaida, le corresponde certificar la eficiencia energética de la casa. No obstante, le surgen diversas dudas que deberá resolver:

- ¿Estoy obligado a tenerlo?
- ¿Puedo realizarlo yo mismo?
- ¿A qué empresa llamo?

SOLUCIÓN

Utilizando la documentación hasta ahora estudiada, podría indicar que:

- Será obligado poseer este certificado a partir del 1 de junio de 2013 para todas aquellas personas que deseen comprar/vender o alquilar una vivienda.
- Únicamente podrá realizarse por técnicos con la formación académica y profesional correspondiente.
- Deberá llamar a una empresa que posea la acreditación adecuada en materia de eficiencia energética y elegida libremente por usted.

5.1. Ordenanzas municipales y otra legislación en el sector de la energía solar

Dentro del uso de la energía solar se puede distinguir entre la **termoeléctrica,** donde a partir de unos procesos térmicos se transforma la energía solar en electricidad, y la **fotovoltaica,** cuya generación se produce a través de unos semiconductores que forman parte de los paneles fotovoltaicos.

Ambas instalaciones se encuentran reguladas mediante la siguiente normativa:

LEGISLACIÓN EN EL SECTOR DE LA ENERGÍA SOLAR

Energía solar termoeléctrica

Real Decreto-ley 1/2012, de 27 de enero, por el que se procede a la suspensión de los procedimientos de preasignación de retribución y a la supresión de los incentivos económicos para nuevas instalaciones de producción de energía eléctrica a partir de cogeneración, fuentes de energía renovables y residuos

Real Decreto-Ley 6/2009, de 30 de abril, por el que se adoptan medidas determinadas en el sector energético

Real Decreto 413/2014 , de 6 de junio, por el que se regula la actividad de producción de energía eléctrica a partir de fuentes de energía renovables, cogeneración y residuos

Real Decreto 413/2014 , de 6 de junio, por el que se regula la actividad de producción de energía eléctrica a partir de fuentes de energía renovables, cogeneración y residuos

Real Decreto-Ley 1/2012, de 27 de enero, por el que se procede a la suspensión de los procedimientos de preasignación de retribución y a la supresión de los incentivos económicos para nuevas instalaciones de producción de energía eléctrica a partir de cogeneración, fuentes de energía renovables y residuos

Energía solar fotovoltaica

Real Decreto-ley 1/2012, de 27 de enero, por el que se procede a la suspensión de los procedimientos de preasignación de retribución y a la supresión de los incentivos económicos para nuevas instalaciones de producción de energía eléctrica a partir de cogeneración, fuentes de energía renovables y residuos

Real Decreto-ley 9/2013, de 12 de julio, por el que se adoptan medidas urgentes para garantizar la estabilidad financiera del sistema eléctrico

Continúa en página siguiente >>

<< Viene de página anterior

LEGISLACIÓN EN EL SECTOR DE LA ENERGÍA SOLAR

Energía solar termoeléctrica

Real Decreto 413/2014 , de 6 de junio, por el que se regula la actividad de producción de energía eléctrica a partir de fuentes de energía renovables, cogeneración y residuos

---

Real Decreto 1699/2011, de 18 de noviembre, por el que se regula la conexión a red de instalaciones de producción de energía eléctrica de pequeña potencia

---

Dentro de la política de uso de las energías renovables como medida para disminuir la emisión de CO_2 a la atmósfera se plantea la necesidad de la intervención de los ayuntamientos como último paso administrativo que está más en contacto con la población.

De esta forma, a través de planes urbanísticos y ordenanzas municipales, se buscará introducir al usuario en el uso de la energía solar. Se establece como primer objetivo regular el obligado uso de sistemas de captación y utilización de energía solar para la producción de agua caliente sanitaria y el calentamiento de piscinas. Las principales características de las que consta una orden municipal son:

- Se exigirá su cumplimiento para la obtención de la licencia de obra en aquellas edificaciones que cumplan con los requisitos de aplicación.
- La licencia de apertura o de primera ocupación se otorgará únicamente cuando se certifique que la instalación de energía solar funciona de modo adecuado, tal y como se indicaba en el proyecto inicial.
- La instalación solar deberá proporcionar al menos un 60 % de la demanda de energía, el resto se aportará mediante equipos de apoyo como calderas. Para piscinas deberá ser del 100 %.
  Nota: estos porcentajes podrán reducirse aportando la justificación pertinente.
- El montaje de los sistemas de captación se realizará de modo que no se produzcan reflejos en edificios colindantes.
- Quedarán excluidos los edificios que actúan mediante planes de protección por tratarse de bienes de interés general.

Nota

Esta ordenanza será de aplicación a los edificios que cumplan con los requisitos que se exponen en la citada orden.

A continuación, se citan diversas órdenes municipales a modo de ejemplo:

- Ordenanza Municipal sobre captación solar térmica en el municipio de Granada BOP 8, de 13-01-03.
- Ordenanza Municipal sobre la captación de energía solar para usos en el término municipal de Agüimes, de 11-02-2009.
- Ordenanza de medio ambiente de Barcelona de 2 de mayo de 2011.
- Ordenanza Municipal de ecoeficiencia energética y utilización de energías renovables en los edificios y sus instalaciones del Ayuntamiento de Zaragoza, de 30-03-2009.
- Ordenanza Reguladora de las instalaciones de energía solar fotovoltaica en el término municipal de Pájara, Fuerteventura (Canarias), de 12-01-2012.
- Ordenanza para la gestión de la energía, el cambio climático y la sostenibilidad de Sevilla de 3 de octubre de 2012.

Distribución de órdenes municipales en España

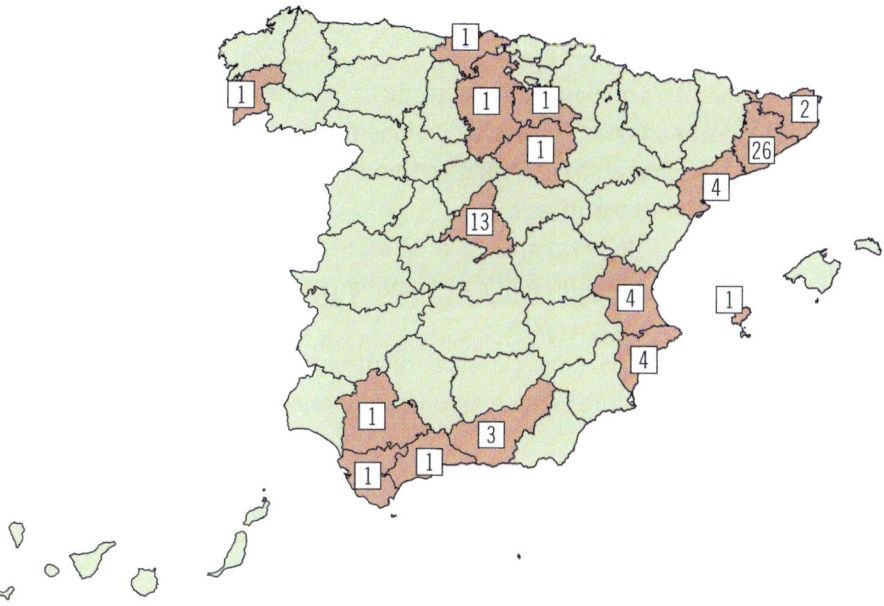

Actividades

12. Buscar información sobre el organismo de control en la comunidad autónoma propia.

6. Resumen

Tras desarrollarse la extensa normativa existente en materia de eficiencia energética y energías renovables, hay que recalcar la necesidad y la importancia que posee el gasto energético para mantener un nivel de confort adecuado en un edificio. Así, se deberán tener en consideración los siguientes conceptos:

- Adaptación de diversas directivas europeas a las normas españolas, resaltando la necesidad de que todos los países europeos deben seguir las mismas pautas de trabajo en materia de ahorro energético.

- Cesión a las comunidades autónomas por parte del Gobierno central del control y los registros de cuantos certificados se emitan en sus respectivos territorios.

- Conocimiento por parte de los técnicos competentes de las diversas normativas europeas, estatales, autonómicas, así como de los correspondientes programas informáticos para la gestión y la obtención del correspondiente certificado.

- Conocimientos de la contribución de eficiencia energética en las diversas instalaciones de un edificio, como la producción de agua caliente, iluminación o energía solar.

- Necesidad de exponer el correspondiente certificado ante nuevas transacciones de compra/venta o alquiler de inmuebles.

Ejercicios de repaso y autoevaluación

1. El real decreto en vigencia, mediante el cual se dan las indicaciones pertinentes para la obtención del certificado energético, es:

    a. El Real Decreto 390/2021.
    b. El Real Decreto 47/2007.
    c. El Real Decreto 314/22006.
    d. El Real Decreto 1027/2007.

2. ¿Cuál es la fecha límite de validez del certificado energético?

    _____

    _____

3. Indique si la siguiente afirmación es verdadera o falsa.

    a. La limitación de demanda energética establece los requisitos que deben cumplir las estructuras de los edificios para proporcionar un adecuado bienestar térmico a los usuarios.

        ☐ Verdadero
        ☐ Falso

4. La aplicación de la eficiencia energética en las instalaciones de iluminación tendrá diversas excepciones, entre ellas...

    a. ... cuando se alteren edificios de carácter histórico o arquitectónico.
    b. ... las instalaciones de alumbrado de emergencia.
    c. ... las instalaciones exteriores de viviendas.
    d. Las opciones a y b son correctas.

5. ¿Qué significado tienen las siguientes siglas?

    a. VEEI:
    b. BOCYL:
    c. RITE:

6. El certificado energético fue obligatorio a partir del...

    a. ... 1 de enero de 2020.
    b. ... 31 de diciembre de 2013.
    c. ... 1 de junio de 2013.
    d. ... según las necesidades del mercado inmobiliario.

7. Haciendo referencia a la contribución de la eficiencia energética en iluminación, relacione cada actividad de una zona determinada con el valor límite de VEEI correspondiente.

    a. Supermercado:
    b. Andén de estación:
    c. Laboratorio:
    d. Habitación de hotel:

    __ 3,5.
    __ 12.
    __ 4.
    __ 6.

8. ¿En qué consiste un certificado energético?

_____

_____

_____

_____

9. Indique qué frecuencia de mantenimiento se necesitaría para los siguientes elementos que forman parte del sistema de producción de agua caliente sanitaria.

    a. Sonda de temperatura:

    b. Purgador automático:

    c. Captadores:

    d. Vaso de expansión:

10. Defina el concepto de plan de mantenimiento preventivo.

_____

_____

11. Según indica la Directiva 2010/31/CE, la responsabilidad de establecer unos valores mínimos de eficiencia energética es responsabilidad de...

    a. ... la Unión Europea.

    b. ... cada país individualmente y no revisable.

    c. ... cada país individualmente y revisable periódicamente.

    d. ... cada grupo de países agrupados según condiciones climáticas similares.

12. Si se reside en territorio andaluz, ¿qué procedimientos se podrían seguir para tramitar el registro de un certificado energético?

_____

_____

_____

_____

13. Complete la siguiente oración.

Para intentar cumplir con el _____ sobre el cambio climático, la Unión Europea ha adquirido como _____ mantener por _____el aumento de la temperatura de calentamiento. Para ello, está desarrollando diversas normativas con el objetivo de fomentar el uso de las _____ y llevar a cabo un _____ de la energía.

14. ¿Qué debería responder si le imponen contratar a una determinada empresa para obtener el certificado energético de su vivienda?

_____

_____

15. Indique qué dos tipos de producción de energía solar se tratan durante el desarrollo del capítulo.

_____

_____

Anexo
Zonas climáticas

Para determinar la zona climática de cualquier ubicación de un edificio se hará uso de la siguiente tabla. Para aquellos lugares que se encuentren a una altura menor de 200 metros con su capital de provincia, se tomará como valor correspondiente el de su capital.

Capital de provincia	Capital	Altitud (m)	Desnivel entre capital y localidad (m)				
			≥200 <400	≥400 <600	≥600 <800	≥800 <1000	≥1000
Albacete	D3	677	D2	E1	E1	E1	E1
Alicante	B4	7	C3	C1	D1	D1	D1
Almería	A4	0	B3	B3	C1	C1	D1
Ávila	E1	1054	E1	E1	E1	E1	E1
Badajoz	C4	168	C3	D1	D1	E1	E1
Barcelona	C4	1	C1	D1	D1	E1	E1
Bilbao	C2	214	D1	D1	E1	E1	E1
Burgos	C1	861	E1	E1	E1	E1	E1
Cáceres	C4	385	D3	D1	E1	E1	E1
Cádiz	A3	0	B3	B3	C1	C1	D1
Castellón	B3	18	C2	C1	D1	D1	E1
Ceuta	B3	0	B3	C1	C1	D1	D1
Ciudad Real	D3	630	D2	E1	E1	E1	E1
Córdoba	B4	113	C3	C2	D1	D1	E1
La Coruña	C1	0	C1	D1	D1	E1	E1

Continúa en página siguiente >>

<< Viene de página anterior

Capital de provincia	Capital	Altitud (m)	Desnivel entre capital y localidad (m)				
			≥200 <400	≥400 <600	≥600 <800	≥800 <1000	≥1000
Cuenca	D2	975	E1	E1	E1	E1	E1
Donostia	C1	5	D1	D1	E1	E1	E1
Girona	C2	143	D1	D1	E1	E1	E1
Granada	C3	754	D2	D1	E1	E1	E1
Guadalajara	D3	708	D1	E1	E1	E1	E1
Huelva	B4	50	B3	C1	C1	D1	D1
Huesca	D2	432	E1	E1	E1	E1	E1
Jaén	C4	436	C3	D2	D1	E1	E1
León	E1	346	E1	E1	E1	E1	E1
Lérida	D3	131	D2	E1	E1	E1	E1
Logroño	D2	379	D1	E1	E1	E1	E1
Lugo	D1	412	E1	E1	E1	E1	E1
Madrid	D3	589	D1	E1	E1	E1	E1
Málaga	A3	0	B3	C1	C1	D1	D1
Melilla	A3	130	B3	B3	C1	C1	D1
Murcia	B3	25	C2	C1	D1	D1	E1
Ourense	C2	327	D1	E1	E1	E1	E1
Oviedo	C1	214	D1	D1	E1	E1	E1
Palencia	D1	722	E1	E1	E1	E1	E1
Palma de Mallorca	B3	1	B3	C1	C1	D1	D1
Las Palmas de Gran Canaria	A3	114	A3	A3	A3	B3	B3
Pamplona	D1	456	E1	E1	E1	E1	E1
Pontevedra	C1	77	C1	D1	D1	E1	E1
Salamanca	D2	770	E1	E1	E1	E1	E1
Santa Cruz de Tenerife	A3	0	A3	A3	A3	B3	B3
Santander	C1	1	C1	D1	D1	E1	E1

Continúa en página siguiente >>

<< Viene de página anterior

Capital de provincia	Capital	Altitud (m)	Desnivel entre capital y localidad (m)				
			≥200 <400	≥400 <600	≥600 <800	≥800 <1000	≥1000
Segovia	D2	1013	E1	E1	E1	E1	E1
Sevilla	B4	9	B3	C2	C1	D1	E1
Soria	E1	984	E1	E1	E1	E1	E1
Tarragona	B3	1	C2	C1	D1	D1	E1
Teruel	D2	995	E1	E1	E1	E1	E1
Toledo	C4	445	D3	D2	E1	E1	E1
Valencia	B3	8	C2	C1	D1	D1	E1
Valladolid	D2	704	E1	E1	E1	E1	E1
Vitoria-Gasteiz	D1	512	E1	E1	E1	E1	E1
Zamora	D2	617	E1	E1	E1	E1	E1
Zaragoza	D3	207	D2	E1	E1	E1	E1

Bibliografía

Monografías

▌ZABALZA, Ignacio [et al.]: Metodologías de análisis para la calificación energética de edificios. Zaragoza: Prensas universitarias de Zaragoza, 2010.

Textos electrónicos, bases de datos y programas informáticos

▌Energía solar en España 2007: estado actual y perspectivas, de: <http://www.idae.es.>.

▌Escala de calificación energética: edificios de nueva construcción, de: <http://www.idae.es.>.

▌Escala de calificación energética: edificios existentes, de: <http://www.idae.es.>.

▌Gestión energética en los edificios, de: <http://www.aem.es.>.

▌Herramienta unificada LIDER-CALENER (HULC), de: <www.idae.es>.

▌HE-1. Ejemplo de edificio tipo chalet, de: <http://www.atecyr.org, 2006>.

▌Información sobre certificación energética, de: <http://www.idae.es.>.

▌Manual de fundamentos técnicos de calificación energética, de edificios existentes CE3X, de: <http://www.idae.es.>.

▌Manual de usuario de calificación energética de edificios existentes CE3, de: <http://www.idae.es.>.

▌Memoria de cálculo correspondiente a la opción simplificada para la calificación de eficiencia energética de edificios de vivienda, de: <http://www.idae.es.>.

▌Modelo de etiqueta de eficiencia energética, de: <www.mintur.gob.es>

▌Opción simplificada en viviendas: memoria de cálculo, de: <http://www.idae.es.>.

▌Opción simplificada en viviendas: procedimientos, de: <http://www.idae.es.>.

▌Organismos de contacto para la certificación energética de edificios, de: <www.miteco.gob.es>.

▌Procedimiento simplificado para la certificación de eficiencia energética de edificios de vivienda, de <www.miteco.gob.es/energia>.

▌Protocolo para la realización de auditorías energéticas en instalaciones ganaderas y ejemplos de auditorías en cuatro instalaciones, de: <http://www.idae.es.>.

▌Reglamento de instalaciones térmicas en los edificios, de: <http://www.idae.es.>.